AF637070

Der ursprüngliche Zustand

Möge dieses Buch allen Wesen helfen,
ihren ursprünglichen Zustand zu erkennen!

Chögyal Namkhai Norbu

Dzogchen
Der ursprüngliche Zustand

Übertragen und herausgegeben von Adriano Clemente

Übersetzer der ersten Auflage 1989: Christina Volpi, Anna Eid;
Lektorat: Christiane Rhein, Sonja Burgmaier, Matthias Winter

Dritte, komplett überarbeitete Auflage 2009: Bearbeitung und Lektorat von Jakob Winkler unter Berücksichtigung der englischen Neuauflage »Dzogchen – The Self-Perfected State« von 1996.
Die Übersetzung ist von dem von Chögyal Namkhai Norbu gegründeten Internationalen Publikationskomitee autorisiert.
IPC-Nummer: 555GE09; für das IPC Jakob Winkler & Matthias Winter.

Umschlaggestaltung: Jennifer Jünemann | www.bitdifferent.de
auf Grundlage eines Entwurfes von Thomas Eifler

Das Umschlagbild zeigt Chögyal Namkhai Norbu und Yeshi Namkhai, Campo Molino, August 1978. © Jill Purce, 1978
Das Portraifoto von Chögyal Namkhai Norbu stammt von Clive Arrowsmith
www.clivearrowsmith.com

Information: www.dzogchen.de oder E-Mail: office@dzogchen.de

Gesetzt aus der: Adobe Jenson Pro
Druck und Bindung 2020: C. H. Beck, Nördlingen

MIX
Papier aus verantwortungsvollen Quellen
FSC® C019821

Printed in Germany
ISBN 978-3-86410-147-2
www.windpferd.de

Chögyal Namkhai Norbu

Dzogchen

Der ursprüngliche Zustand

WINDPFERD

Inhalt

Einführung von Adriano Clemente 7

Teil I

1. Das Individuum: Körper, Stimme und Geist................ 17
2. Die Wege der Entsagung und der Verwandlung............. 33
3. Der Weg der Selbstbefreiung.......................... 47
4. Die Bedeutung der Übertragung......................... 58

Teil II Der Kuckuck des Gewahrseins

Einführung 75
5. »Die Sechs Verse des Vajra« 79
6. Der Urgrund und die Sichtweise........................ 80
7. Der Weg und die Praxis 97
8. Die Frucht und die Verhaltensweise.................... 116

Anhang

Verzeichnis der tibetischen und
Sanskritischen Begriffe 129

Der Autor 136

Vorwort zur dritten deutschen Auflage

Dieses Buch war das erste deutschsprachige Werk zum Thema Dzogchen überhaupt. Jetzt liegt es in der dritten überarbeiteten Auflage vor. Der Text der Neuauflage wurde unter Berücksichtigung der englischen Neuauflage »Dzogchen – The Self-Perfected State« aus dem Jahre 1996 überarbeitet und die tibetischen Begriffe sind in einer gängigeren phonetischen Transkription wiedergegeben. Auch wurde ein Tibetisch- und Sanskrit-Index als Anhang hinzugefügt. Dagegen wurde das ursprüngliche Vorwort der alten Ausgabe beibehalten.

Jakob Winkler, Bonn 2009

Einführung

Die *Dzogchen*-Lehre[1] kann nach den Worten von Chögyal[2] Namkhai Norbu allen Menschen helfen, ihre wirkliche Situation zu erkennen und dadurch zu lernen, ein entspanntes Leben zu führen.

Bei der Lektüre dieses Buches werden wir entdecken, was »sich entspannen« in der *Dzogchen*-Lehre bedeutet und wie wir »praktizieren« können, ohne dass wir auf irgendetwas verzichten oder uns zu Handlungen verpflichten müssen, die mit unserem täglichen Leben unvereinbar sind.

Obwohl die *Dzogchen*-Lehre, geschichtlich gesehen, in Tibet durch die beiden großen Traditionen des Buddhismus und des *Bön*[3] ver-

---

1 Im Text wird eine Lautschrift für Tibetisch und Sanskrit verwendet. Die wissenschaftliche Transliteration ist im Index aufgeführt.

2 Der Titel »*Chögyal*« ist die tibetische Übersetzung des Sanskrit-Begriffs »*Dharmaraja*« zu deutsch »*Dharma*-König«. Dies ist einer Titel, welcher Namkhai Norbu als Kind von S.H. dem 16. Karmapa verliehen wurde, als er ihn als Geist-Inkarnation von Padma Karpo (1527–1592) und seiner direkten Inkarnation Shabdrung Ngawang Namgyal (1616–1651), dem Gründer und Herrscher, bzw. *Chögyal* von Bhutan erkannte. Daneben ist Rinpoche auch als Inkarnation von Adzom Drugpa (1842–1924) erkannt worden, der seinerseits auch als eine Inkarnation von Padma Karpo gilt. (Anm. JW)

3 Ursprünglich bezeichnete der Begriff »*Bön*« in Tibet jegliche Art von ritueller Tradition, die auf der Rezitation von *Mantras* und magischen Formeln beruhte und sich wahrscheinlich nicht sehr von den verschiedenen Formen des Schamanismus unterschied, die in Zentralasien verbreitet waren. Später, zur Zeit des Meisters Tönpa Shenrab, der nach *Bön*-Quellen 1917 vor Christus lebte, sollen viele dieser rituellen Traditionen verfeinert und verbunden mit der gängigen Vorstellung, in dem das Sein als eine Prozess gegenseitiger Abhängigkeit zwischen der Energie des Individuums und den äußeren, von verschiedenen Klassen von Wesen beherrschten Energien verstanden wird. Ebenfalls nach *Bön*-Quellen soll Tönpa Shenrab, der aus Shang-Shung (West-Tibet) stammte, auch Medizin und Astrologie sowie eine frühe Form von *Dzogchen* gelehrt haben

breitet wurde, ist sie im eigentlichen Sinne keine philosophische oder religiöse Tradition. Sie ist ein umfassendes Wissen von den existenziellen Bedingungen des Individuums, jenseits Begrenzungen durch einen religiösen Glauben oder eine Kultur. Ohne sich jemals als Sekte oder Orden zu konstituieren, ist *Dzogchen* eine direkte Lehre geblieben, da seine Übertragung im Laufe der Jahrhunderte eine Reinheit und Echtheit bewahrt hat, die mit dem Formalismus der religiösen Institutionen unvereinbar ist.

Offiziell wurde in Tibet der Buddhismus zur Zeit des Königs Trisong Detsen (ca. 742–797 n. Chr.) eingeführt, obwohl Tibet schon seit Jahrhunderten von der buddhistischen Kultur Indiens, Chinas und anderer Nachbarländer beeinflusst worden war. König Trisong Detsen lud zahlreiche buddhistische Meister und *Panditas* an seinen Hof. Diese kamen aus Indien und aus dem alten Königreich Oddiyana, das dem Swat-Tal im heutigen Pakistan entspricht. Oddiyana, Ursprungsort tantrischer Lehren, war in alten Zeiten ein Land mit blühender buddhistischer Kultur, und zahlreiche Meister reisten nach Oddiyana, um sich unterweisen zu lassen. In Oddiyana liegt auch der Ursprung der *Dzogchen*-Lehre, die später Teil der buddhistischen Tradition wurde.

Sie ist hier einige Jahrhunderte v. Chr.[4] unter dem Meister Garab Dorje entstanden. Seine Lehre, die das Kausalitätsgesetz des Kar-

---

Erst in der Zeit zwischen dem 8. und 9. Jahrhundert nimmt die *Bön*-Tradition, die aufgrund der wachsenden Verbreitung des Buddhismus zu verschwinden droht, die Gestalt einer Philosophie und Lehre an, die von den Prinzipien des Buddhismus beeinflusst ist. Seit dieser Zeit »wurde« *Bön* zu einer Religion und unterscheidet sich in seinen Grundzügen nicht mehr von den anderen tibetisch-buddhistischen Schulen.

4 Nach den Schriften der »Geheimen Anweisungen« der *Dzogchen*-Lehre ist Garab Dorje 360 Jahre nach Buddhas *Parinirvana* geboren. Nach dem *Bero Gyübum* (*Bairo rgyud ,bum*), der Sammlung von Werken, die von Vairochana ins Tibetische übersetzt worden sind, soll er 28 Jahre nach Buddhas Erleuchtung geboren worden sein. Dieses Datum würde die Überlieferung bestä-

mas transzendiert, war konträr zur traditionellen Sichtweise seiner ersten Schüler, angesehener buddhistischer Gelehrter. Aus diesem Grunde erfolgte die Übertragung der *Dzogchen*-Lehre heimlich, parallel zur Übertragung der offiziellen Lehren des Buddhismus.

In Tibet wurde der Buddhismus in seiner tantrischen Form zuerst von Padmasambhava eingeführt, einem Meister aus Oddiyana, der von König Trisong Detsen eingeladen worden war.

Um auch die *Dzogchen*-Lehre in Tibet zu verbreiten, schlug Padmasambhava dem König vor, Vairochana, einen Tibeter, nach Oddiyana zu schicken. Vairochana erhielt sämtliche Unterweisungen in der Lehre des *Dzogchen* von Meister Shri Singha, einem Schüler Manjushrimitras,[5] der seinerseits Schüler von Garab Dorje war. In Tibet der gab er die Lehre wenigen Auserwählten weiter. Später wurde der *Pandita* Vimalamitra, auch er ein Schüler Shri Singhas, an den Hof des Königs geladen und übertrug weitere *Dzogchen*-Lehren. Während dieser Blütezeit der Verbreitung und Übersetzung buddhistischer Originaltexte wurden auch die *Dzogchen*-Schriften, meist in der Sprache Oddiyanas geschrieben, ins Tibetische übersetzt. Sämtliche, in dieser Zeit übersetzten Texte, sowohl die des *Tantra* als auch des *Dzogchen*, wurden später in die Tradition der »Alten Schule« oder *Nyingmapa* eingegliedert, im Gegensatz zu jenen *Tan-*

---

tigen, nach der Garab Dorje ein Sohn der Prinzessin Praharini von Oddiyana ist, der Tochter des Königs Indrabhuti, der Padmasambhava auf dem See Dhanakosha acht Jahre nach Buddhas *Parinirvana* entdeckte.

5 Diese Tradition beruht auf der Übertragungslinie der Meister der »Serie der Geheimen Anweisungen« des *Dzogchen*. Nach der Linie von der »Serie von der Natur des Geistes«, *Semde*, die historisch zuverlässiger ist, hat Shri Singha viel später gelebt als Manjushrimitra. Deshalb kann man annehmen, dass die Übertragung von Manjushrimitra auf Shri Singha über Visionen und Kontakte ungewöhnlicher Art erfolgte.

tras, die während der zweiten Verbreitungsphase im 11. Jahrhundert[6] übersetzt wurden. Aus diesem Grunde ist *Dzogchen* immer als Teil der Lehren der tibetisch-buddhistischen *Nyingmapa*-Schule angesehen worden. In dieser Tradition sind sämtliche buddhistischen Lehrsysteme in neun Wege oder »Fahrzeuge« (skt. *yana*) eingeteilt.

Diese sind:

1. Das weltliche Fahrzeug der Götter und Menschen.[7] Es umfasst alle Formen religiöser, nicht buddhistischer Systeme.
2. Das Fahrzeug der *Shravakas* (Zuhörer) und *Pratyekabuddhas* (diejenigen, welche die Erleuchtung für sich selbst anstreben). Es umfasst die Lehren des *Hinayana*-Buddhismus.
3. Das Fahrzeug der *Bodhisattvas*. Es umfasst die Lehren des *Mahayana*-Buddhismus.
4. *Kriyatantra*
5. *Charyatantra*
6. *Yogatantra*.

Diese letzten drei Fahrzeuge werden »äußere Tantras« genannt, weil ihre Praxis hauptsächlich darauf beruht, sich zu läutern und sich darauf vorzubereiten, die Weisheit des Erwachens zu empfangen.

7. *Mahayoga*
8. *Anuyoga*
9. *Atiyoga*

---

6 Während der zweiten Verbreitungsphase des Buddhismus in Tibet wurden neue Tantras eingeführt und einige neu übersetzt, die schon zur Zeit Padmasambhavas verbreitet waren. In dieser Zeit bildeten sich die anderen Schulen des tibetischen Buddhismus: *Kagyüpa*, *Sakyapa* und *Kadampa*, wobei letztere später reformiert und als *Gelugpa* bekannt wurde.

7 Tibetisch: *Jigten Lha Mi Thegpa; 'jig rten lha mi'i theg pa*. Heute werden die Neun *Yanas* meist so präsentiert, dass das weltliche Fahrzeug der Götter und Menschen weggelassen und das ehemals zweite Fahrzeug des *Hinayana* in zwei aufgeteilt wird: 1. das Fahrzeug der *Shravakas* und 2. das Fahrzeug der *Pratyekabuddhas*.

Diese drei werden die »inneren Tantras« genannt. In Wirklichkeit gehören nur die beiden ersten zur tantrischen Lehre, deren Prinzip es ist, die psychischen und physischen Aspekte des Individuums in die reine Dimension der Erleuchtung umzuwandeln. *Atiyoga,* ein Synonym für *Dzogchen,* beruht auf dem Weg der Selbstbefreiung, auf dem direkten Wissen um den ursprünglichen Zustand. Diese Unterteilung der *Tantras* ist ein besonderes Merkmal der *Nyingmapa*-Schule. In den anderen drei tibetisch-buddhistischen Haupttraditionen: *Kagyüpa, Sakyapa* und *Gelugpa* werden die höheren *Tantras* oder *Anuttara-Tantras* eingeteilt in:

1. Vater-Tantras
2. Mutter-Tantras
3. Nicht-Duale-Tantras

Alle drei Arten von *Anuttara-Tantras* beruhen – ebenso wie das *Mahayoga* der *Nyingmapa*-Schule – auf dem System der graduellen Verwandlung. *Anuyoga* hingegen ist ein System, das auf nicht gradueller Transformation gründet, und nur in der »alten Schule« zu finden ist.

Die Schriften der *Dzogchen*-Lehre sind in drei Gruppen zusammengefasst: die »Serie der Natur des Geistes« (*semde*),[8] die »Serie des uranfänglichen Raumes« (*longde*) und die »Serie der Geheimen Anweisungen« (*men-ngagde; skt. upadesha*). Die beiden ersteren wurden von Vairochana, die dritte von Vimalamitra in Tibet eingeführt. Zur »Serie der Geheimen Anweisungen« gehören auch jene Lehren, die ursprünglich von Padmasambhava übertragen und an verschiedenen

---

8 Der Begriff *sems* (Geist) wird hier mit »Natur des Geistes« übersetzt, weil *sems* in der gesamten alten Literatur des *Dzogchen* als Abkürzung für *Changchubkyi Sem* (*byang chub kyi sems;* skr: *bodhichitta*), der ursprünglichen Natur des Geistes, gebraucht wird.

Plätzen in Tibet verborgen worden sind. Diese, als *Terma*[9] oder Schätze bezeichneten Texte, sind seit dem 10. Jahrhundert wiederentdeckt worden. Die Texte, die seit der Zeit Garab Dorjes mündlich übertragen wurden, nennt man »Mündliche Tradition« (*kama*).

Eine weitere Tradition von *Dzogchen*-Lehren, die sich nach Herkunft und Übertragungslinien der Meister unterscheidet, finden wir in der *Bön*-Religion. Ausgangspunkt ihrer Verbreitung war Shang-Shung, ein altes Königreich in Westtibet.[10] Beim heutigen Stand der Forschung kann noch nicht gesagt werden, ob diese verschiedenen Traditionen der *Dzogchen*-Lehre einen gemeinsamen Ursprung haben.

Im Laufe der Jahrhunderte wurde die *Dzogchen*-Lehre in Tibet von Meistern aller Schulen und Traditionen praktiziert, denn seiner Natur entsprechend überschreitet *Dzogchen* die Grenzen des Sektierertums und die durch den Menschen geschaffenen Barrieren.

Meister Namkhai Norbu, der im Westen *Dzogchen* lehrt, steht in der Nachfolge einer Übertragungslinie von Meistern, die bis auf Garab Dorje zurückgeht. Geboren 1938 in der Nähe von Derge in Osttibet,

---

9 *Terma* sind in zwei Kategorien unterteilt: erstens *Sater*, »Schätze der Erde«, tatsächliche Fundstücke, sowohl Gegenstände als auch Manuskripte; zweitens *Gongter*, »Schätze des Zustandes des Wissens«, Texte, die im Bewusstsein eines Individuums gespeichert worden sind und auch noch nach vielen Leben im Zustand der Kontemplation spontan erinnert werden.

10 Shang-Shung (*Zhang zhung*), die Heimat der tibetischen Kultur, umfasste einst das gesamte Tibet, das damals diesen Namen trug. Die Religion in Shang-Shung war *Bön*, und seine Priester hatten am Hof großen politischen Einfluss. Mit der Hauptstadt Khyunglung Ngülkhar in der Nähe des Berges Kailash war Shang-Shung in folgende drei Regionen unterteilt: die innere, die Westtibet entsprach; die zentrale, die Zentraltibet entsprach; die äußere, die Osttibet und die Grenzgebiete zu China umfasste. Als das kleine autonome Königreich von Yarlung in Zentraltibet sich auszudehnen begann und die umliegenden Gebiete eroberte, wurde zur Zeit des Königs Songtsen Gampo (ca. 617–698 n. Chr.) auch Shang-Shung annektiert. Auf diese Weise erhielt das gesamte Königreich den Namen Tibet (*Bod*).

erhält er schon als Kind zahlreiche Unterweisungen und Ermächtigungen von Meistern verschiedener Traditionen, insbesondere von seinen beiden Onkeln, die große Praktizierende des *Dzogchen* waren.[11] Mit acht Jahren wird er in eine Klosterschule aufgenommen, in der er mehrere Jahre buddhistische Philosophie und die anderen Gebiete tibetischen Wissens studiert. Nach Beendigung seiner Studien wird er 1954 mit einer Delegation von Vertretern der tibetischen Klöster nach China geschickt. Zwei Jahre lang unterrichtet er in Chengdu, einer Stadt in Sichuan an der Westgrenze zu Tibet, tibetische Sprache. Während dieser Zeit erhält er die Gelegenheit, Kongkar Rinpoche,[12] den berühmten Meister der *Kagyüpa*-Tradition kennenzulernen, von dem er zahlreiche Unterweisungen erhält. Aber erst bei seiner Rückkehr nach Tibet trifft er, nach einer Prophezeiung im Traum, den Meister, der ihm das Tor zur Erkenntnis öffnet: Rigdzin Changchub Dorje,[13] ein großer *Dzogchen*-Meister und ein *Terma*-Entdecker, der in aller Schlichtheit als Dorfarzt lebt. Im Verlauf mehrerer Monate, die Chögyal Namkhai Norbu mit seinem Meister verbringt, erhält er zahlreiche grundlegende Unterweisungen in der *Dzogchen*-Lehre, aber vor allem die Übertragung des wahren Wissens von *Dzogchen*, jenseits von Büchern und Worten. Changchub Dorje wird in Leben und Lehre von Namkhai Norbu ein Beispiel und ein dauernder Bezugspunkt bleiben.

1958 reist Namkhai Norbu zu Studien nach Indien und besucht zahlreiche heilige Orte. Da er wegen politischer Unruhen nicht nach

---

11 Der Onkel väterlicherseits, Togden Ugyen Tendzin (1893–1959) sowie der Onkel mütterlicherseits, Jamyang Chökyi Wangchug (1910–1963).

12 *Gangs dkar Rin po che*. Eine seiner Belehrungen über *Mahamudra* findet sich in C. G. Changs Mahamudra-Fibel, Octopus Verlag, Wien 1979.

13 *Rig 'dzin Byang chub rdo rje* (1826–1961).

Tibet zurückkehren kann, geht er nach Sikkim, wo er zwei Jahre lebt. 1960 lädt ihn Giuseppe Tucci ein, Mitarbeiter des I·S·M·E·O· in Rom zu werden. Seit 1964 lehrt er tibetische und mongolische Sprache und Literatur am Institut für Orientalistik an der Universität in Neapel.

In den letzten zwanzig Jahren vertiefte Namkhai Norbu seine Studien über den Ursprung der tibetischen Kultur, wobei er sich im Besonderen mit der *Bön*-Tradition, dem Ursprung der Kultur Shang-Shungs und somit Tibets, befasst hat. Über dieses Thema hat er mehrere Bücher geschrieben, die für die Erforschung der tibetischen Geschichte und Kultur höchst bedeutsam sind.

1976 hat er, zunächst in Italien, später dann auch in anderen Ländern begonnen, *Dzogchen* zu lehren. Seine Schüler bilden die *Dzogchen* Gemeinschaft, deren zentraler Ort »Merigar« in Italien ist. Merigar liegt am Fuße des Monte Amiata bei Arcidosso in der Toskana. In den letzten Jahren hat Namkhai Norbu zahlreiche Seminare über *Yoga*, tibetische Medizin und tibetische Astrologie in verschiedenen Teilen der Welt gehalten. 1983 hatte er den Vorsitz beim 1. Internationalen Kongress für tibetische Medizin, der in Venedig und Arcidosso stattfand.

Dieses von mir herausgegebene Buch beruht hauptsächlich auf Belehrungen, die Namkhai Norbu 1985 und 1986 in Merigar gegeben hat. Ich habe den Text in zwei Teile gegliedert. Der erste Teil enthält Ausführungen, die die Natur der *Dzogchen*-Lehre auch im Vergleich zu anderen Wegen der Verwirklichung erklären. Der zweite Teil, »Kuckuck des Gewahrseins«, ist ein mündlicher Kommentar zu »Sechs Verse des Vajra«, eines sehr kurzen tibetischen Textes, der die Essenz der *Dzogchen*-Lehre enthält und einst in Oddiyana von Shri Singha an Vairochana übertragen worden ist. In den drei Kapiteln, die diesen zweiten Teil bilden, enthüllt Namkhai Norbu auf einfache, nicht schulmäßige Weise, was es bedeutet, *Dzogchen* zu praktizieren.

Ich hoffe, dass diese Lehren allen Menschen zum Wiedererwachen einer authentischen Erkenntnis, frei von fixen Vorstellungen und jenseits aller Konditionierungen verhelfen mögen.

Adriano Clemente

Teil 1

1. Das Individuum: Körper, Stimme und Geist

Wer anfängt, sich für die Lehre zu interessieren, kann leicht dazu neigen, sich von der materiellen Wirklichkeit zu entfernen und in einer Phantasiewelt zu leben, so als hätte die Lehre nichts mit dem täglichen Leben zu tun. Die Gründe liegen häufig in einer Haltung des Verzichts, der Flucht vor den eigenen Problemen und in der Illusion, etwas zu finden, das sie auf wundersame Weise auflösen könnte. Aber die Lehre basiert auf dem Prinzip unseres Menschseins, wir haben einen materiellen Körper mit all seinen Begrenzungen. Jeden Tag müssen wir essen, arbeiten, uns ausruhen und so weiter, das ist unsere Realität, und wir können sie nicht ignorieren.

Die *Dzogchen*-Lehre ist keine Philosophie, keine religiöse Doktrin oder kulturelle Tradition. Ihre Botschaft verstehen heißt, die eigene wirkliche Situation zu erkennen, frei von jedem Selbstbetrug und jeder Täuschung, die unser Geist hervorruft. So weist auch die Bedeutung des tibetischen Wortes *Dzogchen*, »Große Vollkommenheit«, auf den wahren, ursprünglichen Zustand jedes Individuums hin und bezieht sich nicht auf eine transzendente Wirklichkeit.

Die Grundlage vieler spiritueller Wege ist das Mitgefühl, das Wohl der anderen. In der buddhistischen *Mahayana*-Tradition z. B. ist das Mitgefühl, zusammen mit dem Wissen um die Erscheinungen, einer der Kernpunkte der Praxis. Manchmal jedoch wird Mitgefühl, weil seine Grundlage nicht verstanden wird, zu etwas Konstruiertem und Vorübergehendem. Echtes, ungekünsteltes Mitgefühl kann nur entstehen, wenn die eigene Situation erkannt wird. Durch die Beobachtung unserer Grenzen, Abhängigkeiten und Konflikte wird uns auch das Leid der anderen bewusst, unsere eigene Erfahrung bildet die Grundlage, unseren Nächsten besser zu verstehen und ihm helfen zu können.

Sich der eigenen Bedingtheit bewusst zu sein, ist Ausgangspunkt aller Wohltaten. Wenn wir uns selbst helfen können und an uns arbeiten, können wir auch anderen wirklich Gutes tun. Dann wird unser Mitgefühl spontan entstehen, ohne dass wir uns nach den Verhaltensnormen einer vorgegebenen religiösen Lehre richten müssen.

Was bedeutet, »sich der eigenen Bedingtheit bewusst zu werden«? Es bedeutet, sich selbst zu beobachten und zu entdecken, wer wir sind, wer wir glauben zu sein und wie wir uns anderen und dem Leben gegenüber verhalten. Es genügt, unsere Begrenzungen zu beobachten, unser Urteilen, unsere Leidenschaften, unseren Stolz, unsere Eifersucht, unsere Anhaftungen und all unsere Verhaltensweisen, in die wir uns im Laufe eines Tages selbst einschließen. Wo entstehen sie, wo sind ihre Wurzeln? Sie haben ihren Ursprung in unserer dualistischen Sichtweise, in unseren Konditionierungen. Um sich und anderen helfen zu können, ist es nötig, all die Begrenzungen, in die wir uns selbst eingeschlossen haben, zu überwinden; das ist die wahre Wirkung der Lehre.

Jede Lehre wird über die jeweilige Kultur und die Kenntnisse der Menschen vermittelt. Es ist jedoch wichtig, die Lehre, deren Essenz das Wissen um die Natur des Individuums ist, nicht mit einer Kultur oder Tradition zu verwechseln. Kultur kann sehr wertvoll sein, weil sie als Mittel dient, die Botschaft einer Lehre aufzunehmen, aber sie ist nicht die Lehre selbst. Nehmen wir als Beispiel die buddhistische Lehre. Buddha lebte in Indien und um sein Wissen zu vermitteln, hat er keine neue Form der Kultur geschaffen, sondern sich auf den Kenntnisstand der Inder jener Zeit bezogen. Im *Abhidharmakosha*[14] finden wir Vorstellungen und Begriffe wie die Beschreibung des Berges Meru und der vier Kontinente, die typisch für die alte Kultur Indiens, aber für ein Verständnis der Lehre Buddhas nicht wesentlich sind. Ein anderes Beispiel ist die ganz eigene Form, die der Buddhismus in Tibet infolge seiner Verschmelzung mit der ursprünglichen tibetischen Kultur angenommen hat. Als Padmasambhava das *Vajrayana* in Tibet einführte, hat er die rituellen Bräuche der alten *Bön*-Tradition nicht abgeschafft, sondern sie in die Praktiken des tantrischen Buddhismus integriert.

Wenn der wahre Sinn einer Lehre nicht aus ihrer eigenen Kultur heraus verstanden wird, entsteht leicht eine Verwechslung der äußeren Form einer religiösen Tradition mit der Essenz ihrer Botschaft.

Um dies deutlich zu machen, nehmen wir als Beispiel jemanden aus dem westlichen Kulturkreis, der am Buddhismus interessiert ist und auf der Suche nach einem Meister nach Indien reist. Dort trifft er vielleicht einen traditionellen tibetischen Meister, der in einem abgelegenen Kloster lebt und die westliche Kultur nicht kennt. Der Meister wird diesen Schüler, der ihn um Unterweisung bittet, auf

---

14 Werke von Vasubandhu, einem indischen Meister, die von der buddhistischen Metaphysik handeln.

dieselbe Art und Weise belehren wie seine tibetischen Schüler. Dadurch sieht sich der Schüler aus dem Westen großen Schwierigkeiten gegenüber, allein schon wegen der ihm unbekannten Sprache. Er erhält vielleicht eine wichtige Ermächtigung und ist inspiriert von der besonderen Atmosphäre, von der spirituellen Schwingung, aber er wird ihren Sinn nicht verstehen. Angezogen von der Vorstellung eines exotischen Mystizismus wird er ein paar Monate im Kloster bleiben und sich einige Aspekte der tibetischen Kultur und der religiösen Bräuche aneignen. Wenn er in den Westen zurückkehrt, ist er davon überzeugt, den Buddhismus verstanden zu haben. Er fühlt sich anders und verhält sich wie ein Tibeter.

Ein Abendländer, der eine aus Tibet kommende Lehre praktizieren möchte, muss jedoch nicht die Mentalität eines Tibeters annehmen. Im Gegenteil, es ist wesentlich, dass er die Lehre in seine Kultur integrieren kann, um ihre Essenz anderen Menschen im Westen mitzuteilen. Wenn man sich einer östlichen Lehre nähert, glaubt man oft, dass die eigene Kultur wertlos sei. Das ist ein Irrtum, denn alle Kulturen haben ihre Bedeutung hinsichtlich der Umgebung und der Umstände, unter denen sie entstanden sind. Es gibt keine Kultur, die besser ist als eine andere. Es liegt am Menschen selbst, für seine innere Entwicklung mehr oder weniger Vorteile aus ihr zu ziehen. Deshalb ist es unnötig, Regeln und Traditionen aus einem Kulturkreis zu übernehmen, in dem sie nicht entstanden sind.

Gewohnheiten und der kulturelle Hintergrund eines Menschen sind wichtig für das Verstehen einer Lehre. Wenn Dinge als Beispiele benutzt werden, die dem Zuhörer unbekannt sind, kann kein

Wissen vermittelt werden. Wird einem Abendländer z.B. *Tsampa*[15] und tibetischer Buttertee angeboten, so weiß er wahrscheinlich nicht recht, wie er das zu sich nehmen soll. Ein Tibeter jedoch, der von klein auf mit *Tsampa* ernährt wurde, hat damit keinerlei Probleme, er wird das *Tsampa* mit Tee mischen und es essen. Es ist daher schwierig, die wesentliche Botschaft einer Lehre zu verstehen, wenn keine Kenntnisse über die Kultur, die ihr zur Übermittlung dient, vorhanden sind. Darin liegt der Wert der Kultur. Die Lehre aber ist ein inneres Wissen und darf nicht mit der Kultur, den Gewohnheiten, den Traditionen, den politischen und sozialen Systemen und ähnlichem verwechselt werden. Der Mensch schafft an verschiedenen Orten und zu verschiedenen Zeiten verschiedene Kulturen, und wer an der Lehre interessiert ist, sollte sich dessen bewusst sein und sie benutzen können, ohne sich dabei von äußeren Formen abhängig zu machen.

Diejenigen, die schon eine gewisse Vertrautheit mit der tibetischen Kultur haben, könnten denken, sie müssten zum Buddhismus oder zum *Bön* übertreten, um *Dzogchen* zu praktizieren, weil *Dzogchen* durch diese beiden religiösen Traditionen verbreitet wurde. Das zeigt, wie begrenzt unsere Denkweise ist. Wenn wir uns entscheiden, einer spirituellen Lehre zu folgen, glauben wir, sofort etwas verändern zu müssen, sei es die Art wie wir uns kleiden, wie wir essen oder uns verhalten. In der *Dzogchen*-Lehre aber wird weder verlangt, einer religiösen Doktrin zu folgen oder einem Orden beizutreten, noch blindlings die Lehre zu akzeptieren und ein »Dzogchenist«

---

15 *Tsampa* ist geröstetes Gerstenmehl und wird vermischt mit tibetischem Buttertee. Es ist das Grundnahrungsmittel der Tibeter.

zu werden. All das kann ernsthafte Hindernisse für ein wahres Verständnis hervorrufen.

In Wirklichkeit ist der Mensch so daran gewöhnt, alles mit Etiketten zu versehen, dass er etwas, was nicht innerhalb seiner Grenzen liegt, nicht begreifen kann. Ich gebe dafür ein persönliches Beispiel. Jedes Mal, wenn ich einen Tibeter treffe, der mich nicht gut kennt, werde ich gefragt: »Welcher Schultradition gehören Sie an?« Im Laufe der Jahrhunderte sind in Tibet vier bedeutende buddhistische Traditionen entstanden, und wenn ein Tibeter von einem Meister hört, ist er davon überzeugt, dass er einer dieser vier Schulen angehören muss. Wenn ich dann antworte, dass ich *Dzogchen* praktiziere, führt das wiederum zur Annahme, dass ich der *Nyingmapa*-Schule angehöre, in der die *Dzogchen*-Schriften bewahrt werden. Andere sagen – und das ist wirklich vorgekommen – dass ich ein *Bönpo* sei, weil sie wissen, dass ich, um die Bedeutung der ursprünglichen Kultur Tibets deutlich zu machen, Bücher über *Bön* geschrieben habe. Aber *Dzogchen* ist weder eine Schule oder Sekte, noch ein religiöses System. *Dzogchen* ist ein Wissen, das die Meister jenseits von Schulen und monastischen Traditionen weitergegeben haben. In seiner Übertragungslinie finden wir Meister und Meisterinnen aus allen Gesellschaftsschichten: Bauern, Nomaden, Adlige, Mönche und religiöse Persönlichkeiten jeder Schule und spirituellen Tradition. So ist auch der fünfte Dalai Lama[16] ein großer *Dzogchen*-Praktizierender gewesen und hat dabei seine hohe religiöse und politische Funktion beibehalten.

---

16 Der 5. Dalai Lama, Lobsang Gyatso (1617–1682), war auch ein *Tertön*, Schatzfinder also jemand der *Termas*, geheime Texte enthüllt hat.

Wer wirklich an der Lehre interessiert ist, sollte versuchen, ihre Grundlage zu verstehen, ohne sich von den Beschränkungen durch eine Tradition abhängig zu machen. Die Organisationen, Institutionen und Hierarchien der verschiedenen Schulen können oft unbemerkt neue Abhängigkeiten schaffen. Der echte Wert der Lehre liegt jenseits von jeder Art von Überbau, den der Mensch geschaffen hat. Um zu entdecken, ob sie wirklich in uns lebt, genügt es zu beobachten, in wieweit sie uns von unseren Abhängigkeiten befreit hat. Manchmal glauben wir, die Lehre verstanden zu haben und sie anwenden zu können, in Wirklichkeit sind wir aber von Verhaltensweisen und doktrinären Prinzipien abhängig, die wenig mit dem Wissen um unsere eigentliche Existenz zu tun haben.

Ein Meister, der *Dzogchen* lehrt, versucht das Wissen zu übertragen, indem er sich aller möglichen Mittel bedient. Es ist seine Aufgabe, das Individuum zu erwecken und sein Bewusstsein für den ursprünglichen Zustand zu öffnen. Er wird nicht sagen: »Folge meinen Regeln und beachte meine Vorschriften«, sondern: »Öffne dein inneres Auge und beobachte dich. Suche nicht mehr nach einem Licht, das dich von außen beleuchtet; zünde das innere Licht an. So wird die Lehre in dir leben und du im Geist der Lehre.«

Die Lehre soll in allen täglichen Handlungen zu einem lebendigen Wissen werden. Das ist die Essenz der Praxis, weiter gibt es nichts Besonderes zu entwickeln. Ein Mönch kann, ohne seine Gelübde aufzugeben, sehr wohl *Dzogchen* praktizieren und ebenso ein katholischer Priester, ein Angestellter, ein Arbeiter, ohne seine Rolle in der Gesellschaft aufgeben zu müssen. Denn *Dzogchen* verändert den Menschen nicht von außen. Er wird im Innern erweckt. Das einzige, was ein *Dzogchen*-Meister von euch verlangen wird, ist euch selbst zu beobachten, um die Bewusstheit zu entwickeln, die nötig ist, um die Lehre im täglichen Leben anzuwenden.

Jede Religion, jede spirituelle Lehre hat ihre philosophischen Grundprinzipien, ihre charakteristische Anschauung. So sind z.B. innerhalb der buddhistischen Philosophie verschiedene Systeme und Traditionen entstanden, die sich in der Auslegung der Grundprinzipien oft nur in Nuancen unterscheiden. In Tibet haben die philosophischen Kontroversen bis heute angehalten und die polemischen Schriften bilden eine eigene Literaturgattung. In der *Dzogchen*-Lehre wird den philosophischen Ansichten und Überzeugungen keine Bedeutung beigemessen. Ihre Sichtweise beruht nicht auf intellektuellem Wissen, sondern auf dem Bewusst-Sein der wahren Existenzbedingungen des Individuums.

Im Allgemeinen hat jeder Mensch seine eigene Denkweise und Lebensauffassung, auch wenn nicht jeder fähig ist, sie genau zu erläutern und philosophisch zu definieren. Alle philosophischen Theorien sind von Menschen, d.h. von ihrem dualistischen und trügerischen Geist hervorgebracht worden. Was dieser heute für wahr hält, kann sich morgen schon als falsch erweisen. Es gibt keine Garantie dafür, dass es allgemeingültig ist. Deswegen ist jede intellektuelle Sichtweise immer partiell und relativ. Es gibt keine Wahrheit, die durch Logik hergeleitet oder bestätigt werden kann. Wir sollten vielmehr erkennen, wie uns der Geist unaufhörlich im Dualismus begrenzt.

Dualismus ist die wahre Ursache allen Leids und aller Konflikte. Alle Vorstellungen und Überzeugungen, wie tiefgehend sie auch sein mögen, sind wie Netze, die uns innerhalb des Dualismus gefangen halten. Wenn wir unsere Grenzen erkennen, müssen wir versuchen, sie zu überwinden und uns von jeglicher Art religiöser, politischer und sozialer Überzeugung, die uns konditioniert, befreien. Wir müssen auch unsere Vorstellungen von »Erleuchtung«, von der »Natur des Geistes« und ähnlichem aufgeben, damit wir uns nicht mit einem rein intellektuellen Wissen zufrieden geben und dabei versäumen, dieses Wissen in unser konkretes Dasein zu integrieren.

Es ist daher notwendig, direkt von dem auszugehen, was wir kennen, nämlich von unserer menschlichen, körperlichen Dimension. Die Lehre spricht von drei Aspekten des Individuums: Körper, Stimme und Geist. Diese drei bilden unsere relative Existenz, die wiederum der Zeit und der Spaltung in Subjekt und Objekt unterworfen ist. Was sich jenseits von Zeit und Dualität befindet, wird die »absolute Existenz« genannt, der wahre Zustand des Körpers, der Stimme und des Geistes. Um das jedoch erfahren zu können, ist es notwendig, zunächst unsere relative Existenz zu verstehen.

Der Körper ist für uns etwas sehr Konkretes. Er ist die stoffliche Form, die uns auf die menschliche Dimension beschränkt. Seine äußere Entsprechung ist die materielle Dimension, mit der er eng verbunden ist. So spricht man in den tantrischen Lehren z.B. von genauen Entsprechungen zwischen menschlichem Körper und Universum, die auf dem Prinzip einer einzigen grundlegenden Energie beruhen. Unsere Vorstellung von uns selbst beginnt mit der Betrachtung unserer körperlichen Existenz. Davon ausgehend, entwickelt sich das »Ich«, die Anhaftung und alle daraus folgenden Begriffe von Besitz; daraus folgen Vorstellungen wie »mein« Haus, »mein« Land, »mein« Planet und so weiter.

Über die materielle Dimension des Körpers können wir dessen Energie oder »Stimme« verstehen, den zweiten Aspekt des Individuums. Energie ist nicht materiell, nicht sichtbar oder greifbar. Sie ist subtiler und schwieriger zu verstehen. Einer ihrer wahrnehmbaren Aspekte ist die Schwingung, der Klang, deshalb wird sie auch als »Stimme« bezeichnet. Die Stimme ist mit der Atmung verbunden und diese wiederum mit der Lebensenergie. Die Körperbewegungen und Atemübungen haben im *Yantra Yoga*[17] das Ziel, diese Lebensenergie kontrollieren zu können.

Die Beziehung, die zwischen Stimme, Atmung und Energie besteht, lässt sich an der Wirkungsweise des *Mantra* erklären. Ein *Mantra* besteht aus einer Reihe von Silben, deren Kraft im Klang liegt. Dadurch, dass ein *Mantra* wiederholt rezitiert wird, entsteht die Kontrolle über eine bestimmte Art von Energie. Die Energie des Individuums steht in engem Zusammenhang mit der äußeren Energie und dadurch ist eine gegenseitige Beeinflussung möglich. Dieses Wissen um die verschiedenen Aspekte der Beziehungen zwischen den beiden Energien ist die Grundlage der rituellen *Bön*-Tradition, die bis heute von den westlichen Studien ziemlich vernachlässigt worden ist. In der *Bön*-Tradition wird die Ursache vieler Krankheiten und Störungen als Folge von Einflüssen mehrerer Klassen von Wesen verstanden, welche die Fähigkeit haben, bestimmte Arten von Energien zu beherrschen. Ist die Energie eines Individuums geschwächt, so ist es, als stünde eine Tür für die Provokationen durch jene We-

17 *Yantra Yoga* (tib. *trulkhor*) ist die buddhistische Entsprechung von *Hatha Yoga*. Es unterscheidet sich von *Hatha Yoga* durch die Dynamik der Bewegungen und die besondere Wichtigkeit, die der Atmung beigemessen wird. In Tibet sind verschiedene Arten von *Yantra Yoga* verbreitet, die traditionsgemäß mit speziellen *Tantra*-Praktiken kombiniert sind. Namkhai Norbu hat in Neapel und Rom jahrelang eine Form des *Yantra Yoga* gelehrt, die auf den Meister Vairochana zurückgeht.

sen offen. Deshalb wird der Unversehrtheit der Energie eines Individuums große Bedeutung beigemessen.

Andererseits ist es möglich, die äußere Energie zu beeinflussen, also so genannte »Wunder« zu vollbringen. Dies ist Resultat der Kontrolle der eigenen Energie, wodurch die Fähigkeit erlangt wird, die äußeren Phänomene zu beherrschen. Der Geist ist der subtilste und verborgenste Aspekt der relativen Existenz. Es ist jedoch nicht schwierig, sein Vorhandensein wahrzunehmen. Es genügt zu beobachten, wie die Gedanken entstehen, und wie wir uns von ihren Bewegungen mitreißen lassen. Auf die Frage: »Was ist der Geist?« können wir antworten, dass Geist gerade das ist, was die Frage stellt. Geist ist der ununterbrochene Fluss der Gedanken, die entstehen und vergehen. Der Geist hat die Fähigkeit, zu urteilen, zu argumentieren und sich etwas vorzustellen, wobei er durch die Vorstellungen von Zeit und Raum begrenzt ist. Aber hinter dem Geist, hinter den Gedanken gibt es etwas, das wir die »Natur des Geistes« nennen, die wahre Existenz jenseits aller Grenzen. Aber können wir die Natur des Geistes verstehen, wenn sie doch jenseits unseres Geistes liegt?

Um dies zu veranschaulichen, benutzen wir das Beispiel eines Spiegels. Wenn wir in einen Spiegel schauen, sehen wir das Spiegelbild all jener Gegenstände, die sich vor ihm befinden und nicht die Natur des Spiegels. Was verstehen wir unter der Natur des Spiegels? Es ist seine Eigenschaft zu reflektieren, die als Klarheit, Reinheit und Durchlässigkeit definiert werden kann und unerlässliche Bedingung für die Spiegelungen ist. Diese Natur des Spiegels ist nichts Sichtbares und sie kann nur anhand der reflektierten Bilder erfasst werden. In gleicher Weise können wir nur dann etwas wissen und konkrete Erfahrungen machen, wenn wir uns auf unseren Körper, unsere Stimme und unseren Geist beziehen. Sie selbst sind Mittel, um unsere wahre Natur zu verstehen.

Tatsächlich gibt es, vom absoluten Standpunkt aus betrachtet, keinen Unterschied zwischen der relativen Existenz und ihrer wahren Natur, so wie der Spiegel und seine Spiegelbilder untrennbar, ein und dasselbe sind. Nun ist es jedoch so, als ob wir aus dem Spiegel herausgetreten wären und die Spiegelbilder, die darin erscheinen, beobachten. Da wir nicht wissen, dass unsere Natur Klarheit, Reinheit und Durchlässigkeit ist, halten wir die Spiegelbilder für real und hegen und pflegen damit unsere Abneigung oder Anhaftung. Anstatt Mittel zu sein, die wahre Natur zu erkennen, sind die Spiegelbilder Faktoren für unsere Abhängigkeit geworden. Wir leben zerstreut durch unsere Umstände und messen den Dingen große Bedeutung bei.

Diese allgemein menschliche Situation wird in der Lehre als »Unwissenheit« oder »Nicht-Erkennen« bezeichnet. Selbst jemand, der sich mit der Vorstellung von der »Natur des Geistes« gründlich befasst hat, aber nicht wirklich seine eigene Beschaffenheit erfahren hat, kann als unwissend bezeichnet werden, da für ihn die »Natur des Geistes« nur ein intellektuelles Wissen ist. Unsere wahre Natur zu verstehen erfordert nicht unbedingt gedankliche Prozesse der Analyse und des diskursiven Denkens. Wer nur ein rein intellektuelles Wissen von der Natur des Spiegels hat, wird trotzdem, wie jeder andere, von den reflektierten Spiegelbildern weiterhin in den Bann gezogen werden, sie für schön oder hässlich halten und so ein Gefangener des dualistischen Geistes sein. Unter »Wissen« versteht die *Dzogchen*-Lehre, selbst wie der Spiegel zu werden, dessen Natur von den Bildern, die sich in ihm spiegeln, nicht getrübt werden kann.

Wenn wir uns im Zustand unserer wahren Natur befinden, kann uns nichts bedingen. Alles ist Teil der natürlichen Eigenschaften unseres ursprünglichen Zustandes. Der wesentliche Punkt ist deshalb nicht, unsere relative Existenz aufzugeben oder umzuwandeln, sondern ihre wahre Natur zu verstehen. Dazu ist es notwendig, uns von allen Verfälschungen und vorgefassten Ideen, mit denen wir ständig leben, zu befreien.

Wir haben einen sehr empfindlichen materiellen Körper mit vielerlei Bedürfnissen, die wir beachten sollten. Wenn wir Hunger haben, müssen wir essen, wenn wir müde sind, müssen wir uns ausruhen und so weiter. Machen wir das nicht, können daraus ernsthafte gesundheitliche Probleme entstehen, denn die Grenzen unseres Körpers sind konkret. Die Lehre spricht zwar immer davon, die Anhaftung an den Körper zu überwinden, aber das bedeutet nicht, willkürlich seine Grenzen zu überschreiten und seine Bedürfnisse zu verleugnen. Der erste Schritt, die Anhaftung zu überwinden ist, die Lebensbedingungen des Körpers zu verstehen und zu respektieren.

Das lässt sich auch auf den Bereich unserer Energie und ihrer Wirkungsweise übertragen. Wenn wir darüber nichts wissen und versuchen, gegen ihre natürlichen Grenzen anzukämpfen, entstehen daraus Störungen, die sich auf die körperliche und geistige Ebene ausdehnen können. So vertritt die tibetische Medizin die Auffassung, dass einige Formen der Geisteskrankheiten durch eine in unserem Körper fehlgeleitete Zirkulation einer bestimmten Art von feinstofflicher Lebensenergie entstehen.

Heutzutage beobachten wir eine immer weitere Ausbreitung von Krankheiten, wie z.B. Krebs, die mit Störungen der Energie verbunden sind. Auch wenn die Schulmedizin die einzelnen Symptome erkannt hat, weiß sie nichts über die grundlegenden Ursachen, da sie kein Wissen über die Wirkungsweise der Energie besitzt. Wenn sich eine therapeutische Behandlung in diesen Fällen als unwirksam erweist, wendet die tibetische Medizin die Rezitation von *Mantras* an, die über Klang und Atmung den Energiezustand beeinflusst und koordiniert. Außerdem werden im *Yantra Yoga* bestimmte Körperhaltungen sowie die Kontrolle der Atmung und die geistige Konzentration dazu verwendet, energetische Ungleichgewichte zu beheben.

Die *Dzogchen*-Lehre empfiehlt, den Energiehaushalt niemals zu strapazieren und sich seiner Grenzen unter den verschiedenen Umständen immer bewusst zu sein. Wenn wir uns manchmal nicht danach fühlen, uns hinzusetzen, um zu praktizieren, sollten wir nicht gegen uns ankämpfen. Der Grund dafür könnte ein Energieproblem sein, von dem wir nichts wissen. In solchen Fällen ist es wichtig, sich zu entspannen und sich Raum zu geben, um den Fortschritt der Praxis nicht zu hemmen. Auch Probleme wie Einsamkeit, Depression, geistige Verwirrung und so weiter resultieren oft aus einer Unausgeglichenheit der Energie.

Der Geist beeinflusst sowohl Körper als auch Energie und hängt gleichzeitig vom Zustand beider ab. Der Geist kann manchmal so unter dem Einfluss der Energie stehen, dass sein Gleichgewicht erst wiederhergestellt werden kann, wenn deren Störung behoben worden ist. Es ist sehr wichtig, die gegenseitige Abhängigkeit von Geist und Energie zu verstehen. Alle buddhistischen Traditionen sprechen, wenn sie Meditation lehren, davon, dass eine ruhige und tiefe Atmung den Zustand geistiger Ruhe begünstigt. Beobachten wir hingegen einen erregten Menschen mit einem unruhigen Geist, so werden wir feststellen, dass seine Atmung schnell und keuchend ist. Es gibt Fälle, in denen es nicht möglich ist, den Geist durch Meditation zur Ruhe zu bringen. Dann wird es notwendig, Bewegungen und Atmungen des *Yantra Yoga* auszuführen, um die Energie wieder zu koordinieren.

Um uns unsere relative Existenz zu veranschaulichen, stellen wir uns einen Käfig vor. Ein Mensch ist wie ein Vogel, der von einem Käfig, der die Grenzen von Körper, Stimme und Geist darstellt, eingeschlossen und beschützt ist. Dieser Käfig ist nichts Schreckliches, sondern die natürliche Bedingung des Menschen, um in seiner Dimension leben zu können. Das Problem ist, dass wir uns dessen nicht bewusst sind oder Angst haben, dieses zu erkennen, da wir von klein auf in diesem Käfig leben.

Sehen wir uns einmal an, wie ein Kind diesem Prozess der Konditionierung unterworfen wird. In den ersten Lebensmonaten, wenn es noch nicht sprechen und denken kann, wiegen es die glücklichen Eltern in den Armen und flüstern ihm liebevolle Worte zu. Aber sobald das Kind zu laufen beginnt und alles anfassen will, sagen sie: »Fass das nicht an, geh da nicht hin!« Allmählich, während das Kind heranwächst, versuchen die Eltern, ihm immer mehr vorzuschreiben, wie es sich ausdrücken, am Tisch sitzen, essen soll und so weiter, damit es ein Musterkind wird. Die Eltern sind dann stolz, aber in Wirklichkeit nimmt das arme Kind vollkommen ihre Mentalität an: Es lernt, im Käfig zu leben. Mit sechs Jahren kommt es in die Schule, mit allen ihren Regeln und Geboten. Das Kind hat dort einige Schwierigkeiten zu überwinden, aber nach und nach gewöhnt es sich an diesen zusätzlichen Käfig. Heutzutage sind viele Jahre nötig, um den für das Leben in der Gesellschaft unerlässlichen

Käfig zu vervollständigen. Es gibt noch viele andere Faktoren, die uns beeinflussen: politische Ideen, religiöser Glaube, Freundschaften, Arbeitskontakte und so weiter. Wenn der Aufbau des Käfigs weit genug vorangeschritten ist, sind wir bereit, darin zu leben und fühlen uns beschützt. Endlich sind wir selbständig geworden: Wir wissen, wo es Wasser, Nahrung usw. gibt. So sind die Lebensumstände jedes Einzelnen, die wir erkennen müssen, indem wir uns selbst beobachten.

Nur wer sich seiner Grenzen bewusst ist, kann sie überwinden. Ein Vogel, der in einem Käfig lebt, wird darin seine Küken zur Welt bringen. Die kleinen Vögel werden mit Flügeln geboren. Auch wenn sie im Käfig nicht fliegen können, so zeigt doch die Tatsache, dass sie mit Flügeln geboren werden, dass ihre wahre Natur der Kontakt mit dem freien Raum des Himmels ist. Ein kleiner Vogel, der immer nur im Käfig gelebt hat, könnte auf viele Gefahren stoßen, wenn er unversehens freikäme, da er die Außenwelt nicht kennt. Ein Falke könnte ihn fressen oder er könnte von einer Katze gefangen werden. Daher ist es für den kleinen Vogel wichtig, dass er zunächst übt, in einem begrenzten Raum umherzuflattern, bis er bereit ist, sich endgültig in die Lüfte zu schwingen.

Genauso ist es auch mit uns. Wenn es auch schwierig ist, alle unsere Grenzen augenblicklich zu überwinden – wichtig ist zu wissen, dass unser wirklicher Zustand jenseits aller Konditionierungen liegt und dass es möglich ist, ihn wieder zu entdecken.

Wir können lernen, über die Grenzen unserer dualistischen Daseinsform hinauszufliegen, bis wir bereit sind, sie ein für alle Mal hinter uns zu lassen. Fangen wir damit an, uns des Körpers, der

Stimme und des Geistes bewusst zu werden. Unsere wahre Natur verstehen heißt, die relative Existenz zu verstehen und sie auf das ihr zugrundeliegende Prinzip zurückführen zu können wie ein Spiegel, der alles widerspiegelt und so seine Klarheit manifestiert.

2. Die Wege der Entsagung und der Verwandlung

Die Vielfalt der unterschiedlichen Lehren und spirituellen Wege entspricht den unterschiedlichen Möglichkeiten der Individuen, etwas zu verstehen. Es gibt an sich keine vollkommene oder beste Lehre. Der Wert einer Lehre besteht einzig und allein darin, das innere Erwachen des Individuums herbeizuführen. Sobald jemand Nutzen aus einer Lehre ziehen kann, ist diese für ihn der beste Weg, weil sie seiner Natur und seinen Fähigkeiten entspricht. Es wäre unsinnig, sie als höher oder niedriger im Vergleich zu anderen Lehren einzustufen.

Grundsätzlich können wir drei Wege oder Methoden der Lehre unterscheiden: Den Weg der Entsagung, den Weg der Verwandlung oder Transformation und den Weg der Selbstbefreiung, die sich jeweils auf die Grundlagen von *Sutra*, *Tantra* und *Dzogchen* beziehen. Diese Wege entsprechen den drei Aspekten des Körpers, der Stimme und des Geistes, den »drei Toren«, weil sie den Zugang zur Erkenntnis ermöglichen.

Der Weg des Entsagens ist in den *Sutras*, den Reden, die Buddha Shakyamuni zugeschrieben werden, enthalten. Grundlage der *Sutra*-Lehre ist die Darstellung der »Vier Edlen Wahrheiten«: Die Wahrheit des Leidens, der Ursache des Leidens, der Auflösung der Ursachen und der Weg, der zur Auflösung des Leidens führt. Es wird überliefert, dass Buddha nach seiner Erleuchtung, als er seine ersten Schüler in Sarnath traf, mit der Übermittlung seines Wissens begann, indem er über die Erfahrung des Leidens sprach, die für alle Lebewesen am konkretesten und am ehesten nachvollziehbar ist. Wir alle sind außer dem natürlichen Leid von Geburt, Krankheit, Alter und Tod unendlich vielen anderen Arten des Leidens ausgesetzt. Was ist die Ursache allen Leidens? Die Anhaftung, das Verlangen und die Leidenschaften. Das ist die zweite Wahrheit. Die Leidenschaften erzeugen *Karma* und halten so alle Wesen ohne sichtbaren Ausweg im Kreislauf der Wiedergeburten *Samsaras*. Aber die dritte Wahrheit besagt, dass die Ursache von *Samsara*, wenn sie erst einmal erkannt ist, beseitigt werden kann, womit das Karma erlischt. Wie aber kann diese Ursache beseitigt werden? Über den Weg der Entsagung: das ist die vierte edle Wahrheit.

Die »Entsagung« geht von der Einsicht in die Notwendigkeit aus, auf Handlungen, die negatives Karma erzeugen können, zu verzichten oder sich ihrer zu enthalten, wenn man die Ursache des Leidens und des Umherirrens in *Samsara* aufheben will. Hier ist es nun wichtig, den Begriff Karma richtig zu verstehen, denn manchmal wird er ungenau und unvollständig interpretiert. Die Grundidee von Karma (wörtlich: Aktion) ist, dass jede Handlung bestimmte Wirkungen nach sich zieht. Diese Wirkungen sind jedoch umkehrbar. Karma ist kein unausweichliches Gesetz, das nicht verändert werden kann. Damit die Wirkung des Karmas eintreten kann, müssen die entsprechenden Umstände vorhanden sein, die so genannten »sekundären Ursachen« oder begleitenden Umstände. Im Allgemeinen wird Karma durch zwei wesentliche Faktoren erklärt: Durch die primäre und die sekundäre Ursache. Für eine primäre Ursache, die potentiell Wirkungen erzeugen kann, sind drei Elemente erforderlich: Absicht, eigentliche Handlung und Befriedigung darüber. Die karmische Primärursache, die sich auf diese Weise gebildet hat, ist vergleichbar mit dem Samen einer Blume, der jedoch für seine Entwicklung weitere unabdingbare Faktoren wie Wasser, Dünger und Sonnenlicht benötigt. All diese Faktoren ähneln den sekundären Faktoren, die durch die unterschiedlichen Lebensumstände gebildet werden. Wenn wir uns dessen bewusst sind, ist es möglich, jene Umstände nicht zu begünstigen, durch die die karmischen Primärursachen eintreten könnten. Eine im vergangenen Leben begangene Handlung, die in diesem Leben zu meiner Ermordung führen kann, ist eine Primärursache, die sich manifestieren kann, wenn die dazu notwendigen Sekundärursachen vorhanden sind, wie z. B. ein Streit. Wenn ich mir jedoch während eines Streits bewusst bin, dass ich negatives Karma erzeuge, und nicht wütend werde, wird sich wahrscheinlich auch die andere Person beruhigen und so habe ich die Möglichkeit, umgebracht zu werden, vermieden. Im Allgemeinen spiegeln die Sekundärursachen immer die Primärursachen wider. Buddha hat gesagt: »Willst du wissen, was du in deinem vergangenen Leben getan hast, beobachte deine gegenwärtige Situation. Willst du wissen, wie dein zukünftiges Leben aussieht, so beobachte deine gegenwärtigen Handlungen.«

Das Mittel, um den Weg der Entsagung zu praktizieren, ist die Beachtung der Verhaltensregeln, die von Buddha festgelegt wurden und im *Vinaya*, den Ordensregeln der buddhistischen Mönche und Nonnen, enthalten sind. Durch die Beachtung der Vorschriften, die sich auf Körper, Stimme und Geist beziehen, besteht die Möglichkeit, negatives Karma zu läutern und positives anzusammeln. Zusätzlich ist bereits die Einhaltung eines Gelübdes eine Quelle von Verdiensten. Wer z. B. nicht stiehlt, sammelt doppelten Verdienst an: Erstens, weil er eine solche Handlung nicht begangen hat und zweitens, weil er das Gelübde eingehalten hat. All dies beruht auf der Einschränkung des individuellen Verhaltens und ist hauptsächlich auf den Aspekt des Körpers, also die materielle Dimension, bezogen.

Im *Sutra* ist das Prinzip, negatives Karma zu beenden, auch die Grundlage der Meditation. Ziel der Meditationspraxis ist es, einen von Gedanken ungestörten Zustand geistiger Ruhe zu finden. Dadurch wird die Möglichkeit vermieden, durch die Leidenschaften negatives Karma zu erzeugen. Die Verwirklichung besteht im Auslöschen der illusorischen Persönlichkeit des Individuums, der Ursache aller Wünsche und Konflikte. Diese Ideen entsprechen der buddhistischen Tradition des *Hinayana* oder *Theravada,* die höchsten Wert auf die richtige Auslegung der ersten Belehrungen Buddha Shakyamunis legen.

Das *Mahayana* beruht auf tiefer liegenden Anschauungen wie dem universalen »Mitgefühl« und der Leere aller Erscheinungen. In beiden Traditionen ist jedoch das Gelübde ein grundlegendes Element, um Entsagung zu praktizieren. Wer die Ordensweihe empfängt, macht auch äußerlich die Entsagung von der Welt deutlich, legt Mönchskleidung an, nimmt einen neuen Namen an und lässt sich den Kopf kahl scheren. Das Prinzip der Entsagung ist jedoch nicht auf die buddhistische Tradition des Mönchtums beschränkt. Es ist Grundlage aller religiösen Traditionen und aller weltlichen Gesetze der Gesellschaft.

Der Weg der Verwandlung oder Transformation ist in den tantrischen Lehren und Schriften zusammengefasst, die über eine reine

Erscheinung der Erleuchteten offenbart wurden. Die Symbolik zweier tantrischer Ritualgegenstände, *Vajra* und Glocke, kann uns über das grundlegende Prinzip des *Tantra* aufklären. *Vajra* steht für »Methode«, Form als Darstellung des ursprünglichen Zustandes und Glocke steht für »Energie«, die Leerheit oder Essenz der Darstellung.[18] *Vajra* bedeutet »unzerstörbar« und weist auf den ursprünglichen Zustand des Individuums, jenseits von Geburt und Tod, hin. Die Glocke, die für den Klang steht, ist das Symbol für die Energie des ursprünglichen Zustandes. Betrachten wir den Aufbau des må: Das Zentrum bildet eine kleine Kugel, von der aus sich ein oberer und ein unterer Teil mit jeweils fünf symmetrischen Streben ausbreitet. Die kleine Kugel, tibetisch *Thigle* genannt, symbolisiert die unbegrenzten potentiellen Möglichkeiten der Manifestation des ursprünglichen Zustandes. Die beiden Teile des *Vajra* repräsentieren die zwei grundlegenden Aspekte, in denen sich die Manifestation zeigt: Die reine Vision[19] oder *Nirvana* und die unreine Vision oder *Samsara*.

Die unreine Vision beruht auf den fünf *Skandha*, den psycho-physischen Komponenten,[20] welche die Persönlichkeit eines Individuums ausmachen und auf ihrer Funktionsweise, den fünf Leidenschaften.[21] Die reine Vision ist die Manifestation der fünf *Skandha* und

18 Im *Tantra* werden Methode (skt. *upaya*, tib. *thab*) und *Prajna* (tib. *sherab*) als die beiden Grundprinzipien der Existenz angesehen, die der männlichen und weiblichen, lunaren und solaren Kraft entsprechen. Methode repräsentiert die Manifestation der Existenz als die reine Dimension des *Mandalas* und der Gottheit, *Prajna* ist das Verstehen der Energie der Leerheit aus der die Manifestation entspringt. *Prajna* (höhere Erkenntnis) ist in diesem Zusammenhang gleichbedeutend mit »Energie«.

19 Vision bezieht sich nicht nur auf das zu Sehende sondern auch auf alle anderen Sinneserfahrungen wie Hören, Riechen etc.

20 Die fünf *Skandha*, ein Grundbegriff, mit dem die buddhistische Psychologie arbeitet, sind: Form, Empfindung, Wahrnehmung, Geistesformationen (skt. *samskara*) und Bewusstsein.

21 Die fünf Leidenschaften (skt. *klesha*: tib. *nyon mong*) sind: Zorn, Anhaftung, Unwissenheit, Stolz und Eifersucht.

der fünf Leidenschaften in ihrer reinen oder wahren Form in der Dimension der fünf Buddhas des *Sambhogakaya* und ihrer entsprechenden Weisheitsformen.[22] In beiden Fällen ist jedoch die Grundlage der Manifestation eine einzige, nämlich die Potentialität unseres ursprünglichen Zustandes. Deshalb sind die fünf Streben der beiden Teile des *Vajra* im Zentrum mit der Kugel verbunden. *Samsara* und *Nirvana* sind nur die dualistische Darstellung einer einzigen Essenz, die sich über die Energie offenbart. Energie und ihre Form sind untrennbar. Dies wird dadurch symbolisiert, dass der Griff der Glocke die Form des *Vajra* hat.

Die tantrischen Lehren beruhen auf dem Wissen um die Funktionsweise der Energie und ihrer Anwendung. Ihr Ursprung geht nicht auf die mündliche Übertragung durch einen Meister zurück, wie im Fall der *Sutras*, die Buddha gelehrt hat, sondern auf Erscheinungen der reinen Vision eines Erwachten. Eine reine Erscheinung entsteht über den leuchtenden, feinstofflichen Aspekt der Energie der Elemente, während unsere unreine karmische Vision auf ihrem verdichteten, materiellen Aspekt beruht. Um diese Art der Übertragung zu empfangen, müssen wir in der Lage sein, die feinstoffliche Dimension des Lichts wahrzunehmen.

Die Essenz der Elemente ist das Licht, die Farbe, aber es handelt sich nicht um materielle Farben, die für alle sichtbar sind. Wir nehmen nur die Farben wahr, die an die karmische Vision gebunden sind. Wenn diese in die feinstofflichen Dimensionen des Lichts zurückkehren, ist es für uns, als ob sie verschwinden würden. Ein

---

22 Die fünf Buddhas sind die *Sambhogakaya*-Manifestation des eigenen Zustands des Individuums. Die fünf ursprünglichen Weisheiten (tib. *yeshe*) stehen für Funktionen, die mit den fünf Grundelementen verbunden sind: Raum, Luft, Feuer, Wasser und Erde.

Erleuchteter, der sein Karma gereinigt und seine materielle Erscheinung in die reine Dimension der Elemente re-integriert hat, offenbart seine Weisheit spontan durch Licht und Farbe. Um mit dieser reinen Dimension in Kontakt zu kommen, müssen wir unsere angeborene Klarheit aufs Höchste entwickeln, indem wir Hindernisse des Karmas und der Unwissenheit reinigen.

Um den Ursprung der *Tantras* genauer zu erklären, nehmen wir das Beispiel eines der bekanntesten *Tantras*, das *Kalachakra*, von dem angenommen wird, dass es von Buddha Shakyamuni[23] übertragen worden ist. Da Buddha ein Mönch war, ist jedoch offensichtlich, dass es nicht von ihm in seiner physischen Gestalt übermittelt worden sein kann, denn die Gottheit *Kalachakra* ist in Vereinigung mit der Gefährtin im so genannten *Yab-Yum*-Aspekt dargestellt. Das zeigt, dass die Übertragung eines *Tantras* nicht durch gewöhnlichen und natürlichen Kontakt erfolgt, sondern in der reinen Dimension der Transformation, die nur für Individuen mit entsprechender Fähigkeit wahrnehmbar ist. Was ist unter »Transformation« zu verstehen? Die Möglichkeit unendlicher Manifestationsformen, die ein Erwachter in der Dimension des *Sambhogakaya* annehmen kann, und die sich nach der Art der Wesen richtet, welche die Manifestationen wahrnehmen. An diesem Punkt wird es notwendig, eine klare Vorstellung von der Natur der Dimension des *Sambhogakaya* zu haben.

Sambhogakaya ist Sanskrit und bedeutet »Körper« oder »Dimension« des Reichtums, also der unbegrenzten Potentialität aller Ma-

---

23 Das *Kalachakra-Tantra* soll Buddha Shakyamuni im Alter von 81 Jahren beim *Dhanyakataka-Stupa* in Südindien übermittelt haben.

nifestationen der Weisheit. Diese Potentialität ist vergleichbar mit der eines Spiegels im Zentrum des Universums, der alle Arten von Wesen widerspiegelt. Die Manifestationen des *Sambhogakaya* sind jenseits von Zeit und den Gesetzmäßigkeiten der Materie und unabhängig vom absichtlichen Handeln eines Erleuchteten. So ist die Manifestation der *Kalachakra*-Gottheit nicht von Buddha Shakyamuni in einem bestimmten geschichtlichen Moment geschaffen worden, sondern sie war schon immer vorhanden, da die Dimension des *Sambhogakaya* unabhängig von der Zeit existiert. Wer die Übertragung durch die reine Wahrnehmung einer Manifestation Buddhas erhalten hatte, erklärte sie über Worte und Symbole, und so entstand das *Kalachakra-Tantra*.

Die visuelle Darstellung einer Manifestation der Verwandlung wird *Mandala* genannt und ist ein grundlegendes Element der tantrischen Praxis. Das *Mandala* ist wie eine Fotografie, die im Moment der reinen Erscheinung der Gottheit aufgenommen wurde. Im Zentrum jedes *Mandalas* befindet sich die Hauptgottheit, die den ursprünglichen Zustand der Existenz darstellt und dem Element Raum entspricht. In den vier Himmelsrichtungen, dargestellt durch die Farben der anderen vier Elemente, befinden sich vier weitere Formen der Gottheit, welche jeweils einen Wirkungsaspekt der Weisheit in ihren vier Aktivitäten[24] symbolisieren.

---

24 Die vier Aktivitäten (*trinle shi*) der ursprünglichen Weisheit sind: die friedvolle Aktivität (*shiwa*) für die Reinigung, sie entspricht dem Element Wasser, dem Osten und der Farbe Weiß; die Aktivität des Vermehrens (*gyepa*) für Wohlstand und Vitalität, sie entspricht dem Element Erde, dem Süden und der Farbe Gelb; die Aktivität der Macht (*wangwa*) für die Eroberung, sie entspricht dem Element Feuer, dem Westen und der Farbe Rot; die zornvolle Aktivität (*dregpo*) für die Unterwerfung der negativen Kräfte, sie entspricht dem Element Luft, dem Norden und der Farbe Grün.

Die Gottheit eines *Mandalas* wird nicht immer in menschlicher Gestalt, sondern manchmal mit einem oder mehreren Tierköpfen und einer entsprechenden Anzahl von Armen und Beinen dargestellt. Diese Tatsache ist von vielen Gelehrten als symbolische Darstellung der tantrischen Prinzipien gedeutet worden, was aber nur eine unvollständige und relative Interpretation ist. In Wirklichkeit entstehen alle Manifestationen der Gottheiten aus der Dimension des *Sambhogakaya*, und weil diese, wie wir schon erklärt haben, wie ein Spiegel ist, wird jeweils die Form des Wesens reflektiert, das sie wahrnimmt. Die so genannte »tibetisch-tantrische« Kunst könnte tatsächlich ein Zeugnis für die Existenz verschiedener Klassen von Wesen sein, die das Universum bevölkern.

Nehmen wir zum Beispiel die ikonografische Darstellung der *Dakini Simhamukha*, die den Kopf eines Löwen und den Körper einer Frau hat. Im Allgemeinen sind *Dakinis* eine Klasse von Wesen in weiblicher Form als Erscheinungsform der Energie. *Simhamukha* ist die *Sambhogakaya*-Form einer *Dakini*. Ihr Name bedeutet in Sanskrit »Löwengesicht«, weil ihr Gesicht des einer Löwin gleicht, insbesondere dem mythischen Schneelöwen der tibetischen Volkstradition. Weil man keinen anderen vergleichbaren Begriff fand, einigte man sich darauf, dass diese *Dakini* ein Löwengesicht besitzt; aber es ist nicht auszuschließen, dass es hier um das typische Aussehen einer Art von Wesen handelt, die wir nicht kennen.

Ein anderes Beispiel ist die zornvolle Gottheit *Yamantaka*, die mit einem Büffelkopf dargestellt wird. *Yamantaka* gilt als *Sambhogakaya*-Manifestation des *Bodhisattva* Manjushri. Er soll sich bei den *Yamas*, einer bestimmten Klasse von Wesen, die büffelähnliche Köpfe haben sollen, manifestiert haben.

Eine *Sambhogakaya*-Manifestation erfolgt durch drei Aspekte: durch Klang, Licht und Strahlen. Der Klang ist das erste Stadium der Energiemanifestation, die in der Dimension der Transformation als *Mantra* wahrgenommen wird. Diese *Mantras*, die als »natürlicher Klang des *Vajra*« bezeichnet werden – weil sie spontan entstanden sind – werden in der Praxis benutzt, um die Visualisierung mit der Wirkung der Energie zu verbinden. Das Licht ist der sichtbare Aspekt der Energie, in einem Stadium, in dem sie noch keine spezifische Form angenommen hat. Durch die »Strahlen« erscheinen dann die unendlichen Formen und Farben des *Mandalas* und der Gottheiten. Jedes Individuum besitzt potentiell diese drei Aspekte.

Im *Tantra* wird gesagt: »Die Frucht wird als Weg angewandt«, weil die Dimension des *Mandalas*, die Manifestation der Erleuchteten oder »Frucht«, durch die mündliche und symbolische Übertragung eines Meisters zum Weg der Verwirklichung wird. Viele Texte sprechen davon, dass verschiedene *Tantras* ursprünglich an indische *Mahasiddhas* übermittelt wurden, die sich nach Oddiyana begaben und noch ehe sie dort ankamen, durch Visionen die Übermittlung erhielten. Oddiyana, Heimat des *Tantra* und des *Dzogchen* sowie Geburtsort von Meistern wie Garab Dorje und Padmasambhava, wird manchmal auch »Land der Dakinis« genannt, ein Ausdruck der benutzt wird, um auf die Häufigkeit dieser Energiemanifestationen des Universums an einem bestimmten Ort hinzuweisen.

Die verwirklichten Meister, welche die *Tantras* aus den verschiedenen Dimensionen in die Welt der Menschen »importiert« haben, übertrugen die reine Dimension der Transformation durch die Darstellung des *Mandalas*. Diese Übertragung erfolgt jedes Mal, wenn ein Meister einen Schüler in ein *Tantra* einweiht.

Während dieser Ermächtigung gibt der Meister eine Beschreibung des zu visualisierenden *Mandalas* und im Besonderen der Gottheit, in welche die Verwandlung erfolgen soll. Er visualisiert also selbst die Dimension der Transformation und erteilt die Ermächtigung für die Praxis durch die Übertragung der natürlichen Klänge des spezifischen *Mantras* der Gottheit. Nachdem der Schüler die Einweihung erhalten und eine erste Erfahrung mit der Transformation in die reine Vision gemacht hat, ist er darauf vorbereitet, diesen Weg durch Visualisierung und *Mantra*-Rezitation anzuwenden. Er versucht mit diesen Mitteln, die gewöhnliche, unreine Vision in die reine Dimension des *Mandalas* der Gottheit zu transformieren.

Alle *Tantras* beruhen auf dem Prinzip der Transformation, indem sie mit dem Wissen um die Wirkungsweise der Energie arbeiten. Die Bedeutung des Wortes »*Tantra*«, »Kontinuität«, bezieht sich auf die Natur der Energie des ursprünglichen Zustandes, sich ununterbrochen zu manifestieren.

Die tantrische Praxis umfasst zwei Phasen: Die Entwicklungs- (*kyerim*) und die Vollendungsphase (*dzogrim*). Die erste Phase besteht in der schrittweisen Visualisierung des *Mandalas*, die von der Keimsilbe der Gottheit und den vier Elementen ausgeht. Nachdem das *Mandala* in der Vorstellung komplett aufgebaut ist, wird das *Mantra* rezitiert, während die Visualisierung, bei der man sich selbst in die zentrale Gottheit transformiert hat, beibehalten wird. In dieser Phase wird viel mit der Vorstellungskraft des Geistes gearbeitet und versucht, die Fähigkeit des Visualisierens so weit wie möglich zu entwickeln. Die zweite Phase, die »Vollendung«, ist auf die Visualisierung des inneren *Mandalas*, der *Chakras* und *Nadis*,[25] und auf das unaufhörliche Kreisen der *Mantra*-Silben zentriert. Zum Schluss der Praxis werden sowohl das äußere *Mandala* als auch das innere in die Dimension des Körpers, der Stimme und des Geistes des Praktizierenden integriert. Als Endergebnis manifestiert sich die reine Vision, ohne dass sie noch von der Visualisierung abhängt, sie wird vielmehr Teil der natürlichen Klarheit. So wird der Zustand der vollkommenen Reintegration der reinen Vision in die unreine Vision verwirklicht: Die *Mahamudra*, das große Symbol, in dem *Samsara* und *Nirvana* untrennbar vereint sind.

Diese Methode der Praxis, die auf der stufenweisen Transformation beruht, wird in der *Mahayoga*-Tradition der *Nyingmapa*-Schule und in allen *Anuttara-Tantras*[26] der anderen tibetischen Schulen angewandt. Aber es gibt auch eine tantrische Methode, die auf der unmittelbaren, nicht-graduellen Verwandlung beruht und ein besonderes Merkmal der *Anuyoga*-Tradition ist. Das Prinzip des *Anuyoga* ist die ursprüngliche Vollkommenheit des *Mandalas* und der Gottheit im Seinszustand jedes Individuums, deshalb ist es nicht nötig, komplizierte graduelle Visualisierungen durchzuführen. Es genügt vielmehr die unmittelbare Präsenz der Dimension des *Mandalas*, die sich augenblicklich manifestiert. Im Übrigen beruht die Praxis hauptsächlich auf der Vollendungsphase der Visualisierung. Im *Anuyoga* wird der Zustand der vollkommenen Reintegration, die

---

25 *Chakras*, wörtlich »Räder«, sind die Hauptpunkte, in denen sich die Energie im menschlichen Körper konzentriert. Je nach Methode der *Tantras* benutzt man die Visualisierung von drei, vier, fünf, sechs oder sieben *Chakras*. Die *Nadis* sind die feinstofflichen, nichtmateriellen Kanäle, durch welche die Energie in allen Teilen des Körpers zirkuliert.

26 Die *Anuttara–Tantras* werden unterteilt in »väterliche«, in denen bei der Praxis mehr Wert auf die Phase der Entwicklung (*kyerim*) gelegt wird; »mütterliche«, in denen mehr Wert auf die Phase der Vollendung (*dzogrim*) gelegt wird und »nicht-duale«, in denen die beiden Phasen im Gleichgewicht sind.

Frucht der erfolgreichen Praxis, nicht *Mahamudra*, sondern »*Dzogchen*« genannt. Das zeigt, dass das Prinzip der Selbst-Vollkommenheit dasselbe ist wie jenes, das der *Dzogchen*-Lehre zugrunde liegt, auch wenn der Weg verschieden ist.

Wenn die Fähigkeit zur Transformation wirklich erreicht ist, kann sie im täglichen Verhalten angewandt werden zur Verwandlung der Leidenschaften in ursprüngliche Weisheit.

Der Buddhismus spricht von drei Hauptleidenschaften: Zorn, Anhaftung und geistiger Verdunkelung,[27] den so genannten »drei Giften«, da sie Ursache des Umherirrens im Kreislauf von *Samsara* sind. Die tantrische Lehre geht davon aus, dass es möglich ist, diese Gifte in Weisheit zu verwandeln und zwar durch drei bestimmte Methoden der Transformation. Die Leidenschaft des Zorns wird in den zornvollen Aspekt der Gottheit, die Anhaftung in den freudvollen und die Unwissenheit in den friedvollen Aspekt verwandelt.[28] Indem sich der Praktizierende in diesen Aspekten der Gottheit übt, gelingt es ihm, die Leidenschaften zu überwinden und sie in ebenso viele Weisheiten umzuwandeln. Nehmen wir ein konkretes Beispiel. Wenn wir auf jemanden böse sind und einen starken Zorn verspüren, können wir sofort versuchen, uns selbst in eine zornvolle Gottheit in der reinen Dimension des *Sambhogakaya* zu verwandeln. Auf diese Weise kann sich der Zorn bis zu einem Punkt steigern, an dem er das Universum erzittern lässt. Aber da es keine dualistische Be-

---

27 Synonym mit Ignoranz und Nicht-Erkennen.

28 Der Begriff »Gottheit« ist eine unvollständige und ungenaue Übersetzung für *Yidam*, das wörtlich »geheiligter Geist« bedeutet. Im *Tantra* ist die »Gottheit« die reine Manifestation der Dimension des Individuums und nicht etwas Äußeres. Der zornvolle Aspekt steht für die Dynamik der Energie, der freudvolle für die Empfindung der Wonne und der friedvolle für den ruhigen Zustand des Geistes ohne Gedanken.

trachtung von Subjekt und Objekt mehr gibt, wird er sich als reine Energie, mit dem Fehlen eines Ziels, befreien.

Jemand, der den Weg der »Entsagung« praktiziert, wird unter den gleichen Umständen versuchen, den zornvollen Zustand zu unterbinden, indem er an die Konsequenzen des negativen Karmas denkt. So können wir den Unterschied zwischen den verschiedenen Methoden der Praxis verstehen. Die Praktizierende, die »Entsagung« übt – auch wenn sie echten Zorn in sich verspürt – wird ihn um jeden Preis vermeiden, als ob sie Angst davor hätte, ihm zu begegnen. Eine Praktizierende des *Tantra* hingegen ist sich bewusst, dass die Blockierung der Energie auch Störungen an Körper und Geist verursachen kann. Sie hemmt und unterdrückt ihre Energie nicht, sondern weiß sie als Mittel zur Transformation zu benutzen. Zu diesem Zweck ist es jedoch notwendig, die Fähigkeiten in der Praxis schon weit entwickelt zu haben.

Das sind in groben Zügen die Merkmale des sutrischen und des tantrischen Weges. *Dzogchen* lehrt die direkte Methode der Selbstbefreiung – das In-Sich-Selbst-Befreit-Sein – bei der es nichts aufzugeben oder zu verwandeln gibt. Wer jedoch nicht die dazu nötigen Fähigkeiten besitzt, wird über die Methode der Selbstbefreiung keine konkreten Resultate erzielen. Deshalb rät die *Dzogchen*-Lehre, je nach den jeweiligen Umständen und Fähigkeiten jede Art von Praxis anzuwenden, bis das Wissen zur Selbstbefreiung wirklich erworben worden ist. Dies gehört zur Verantwortung und Bewusstheit der Praktizierenden.

3. Der Weg der Selbstbefreiung

Die *Dzogchen*-Lehre ist auch als *Atiyoga,* der »uranfängliche Yoga« bekannt. »Yoga« im Sinne des tibetischen Begriffes *Naljor (rnal 'byor)* bedeutet »über den authentischen Zustand verfügen«, das Wissen um den ursprünglichen Zustand des Individuums. Ein anderer Begriff, der gebraucht wird, um *Dzogchen* zu bezeichnen, ist die Lehre vom Zustand des Geistes von *Samantabhadra,* d.h. von der ursprünglichen Erleuchtung.[29] Die Methode des Weges wird »Selbstbefreiung« genannt, weil sie sich auf die Erkenntnis, das Verstehen, stützt. Aber es geht nicht darum, einen Gegenstand zu erkennen, sondern vielmehr darum, den Zustand jenseits des Geistes zu erfahren, die Kontemplation.[30] Und doch gibt es keine Möglichkeit, diesen Zustand zu verstehen, wenn wir nicht vom Geist ausgehen. Deshalb wird gesagt, dass der Weg der Selbstbefreiung, im Vergleich zu den Wegen der Entsagung und der Verwandlung, stärker mit dem Aspekt des Geistes verbunden ist.

Dzogchen führt direkt in den Zustand des Individuums ein, durch die Erklärung der ursprünglichen Grundlage, dem Urgrund der Existenz, des eigentlichen Zustandes aller Wesen.

Ein fundamentaler Begriff sowohl im *Sutra* als auch im *Tantra* ist die »Natur des Geistes«, der wirkliche Zustand des Geistes, jenseits der Begrenzungen des Intellekts und der Zeit. Diesem liegt das Prinzip der Leerheit oder *Shunyata,* das den Kern der *Mahayana*-Tradition

---

29 *Samantabhadra* (tib. *Kuntu Sangpo*), der ursprüngliche Buddha, steht für *Dharmakaya.* Er wird nackt, ohne Ornamente und in blauer Farbe dargestellt, als Symbol der Reinheit der Essenz und der Tiefe der Leere.

30 Chögyal Namkhai Norbu verwendet den Begriff »Kontemplation«, um das Verweilen im Zustand der unmittelbaren Präsenz (*rigpa*) zu kennzeichnen. Dagegen steht der Begriff »Meditation« für einen Zustand, in dem unser dualistischer Geist aktiv ist, beispielsweise beim konzentrieren, visualisieren oder *Mantra* rezitieren. (Anm. JW)

bildet, zugrunde. Die Bedeutung des Begriffs »Leerheit« wie er in der *Prajnaparamita*-Literatur[31] verwendet wird, beschreibt das Nicht-Vorhandensein einer »Substanzialität« oder das, was jeder Erscheinung ihre »eigenständige Existenz« gibt – die wirkliche inhärente Beschaffenheit alles Existierenden.[32] Wenn wir uns auf das Individuum beziehen, nennen wir diese Beschaffenheit die »Natur des Geistes«.

Im *Dzogchen* werden viele Begriffe benutzt, um die Natur des Geistes zu bezeichnen, unter anderem »uranfängliche Grund« oder »Urgrund« (*yeshi*), »Grundlage für alles« (*kunshi*) oder »Essenz des ursprünglichen *Bodhichitta*« (*yeshi nyingpo changchub-kyi sem*). Letzteren Begriff finden wir in zahlreichen alten *Dzogchen*-Schriften und es kann nützlich sein, seine Bedeutung zu erklären.

Im *Mahayana* bedeutet *Bodhichitta* die Verpflichtung, alle Wesen zur Erleuchtung zu führen und geht von der Empfindung eines allumfassenden Mitgefühls aus. Im Besonderen wird von zwei Arten von *Bodhichitta* gesprochen, dem relativen und dem absoluten. Relatives *Bodhichitta* bedeutet, das Denken in der Absicht zu schulen, anderen Gutes zu tun, und wirklich selbstloses Handeln zu praktizieren. Absolutes *Bodhichitta* ist die Erkenntnis der Leerheit aller Erscheinungen und nähert sich dem Begriff des »ursprünglichen *Bodhichitta*« der *Dzogchen*-Lehre an.

---

31 *Prajnaparamita*, ein Zyklus der *Sutras*, ist Höhepunkt der *Mahayana*-Lehre und wird als Offenbarung Nagarjunas, des berühmten indischen Meisters und Begründers des philosophischen Systems des »Mittleren Weges« oder *Madhyamaka*, angesehen.

32 Damit man den Begriff der Leerheit richtig versteht, werden in den *Sutras* die Beispiele der Hörner des Hasen und der Hörner des Stieres genannt. Da es die Hörner des Hasen nie gegeben hat, wäre es unnötig, ihre Existenz zu negieren. Wenn wir hingegen behaupten, dass die Hörner des Stieres nicht existieren, negieren wir direkt die Existenz von etwas, das wir für real, materiell halten. So ist auch die »Leerheit« kein Attribut einer »abstrakten Existenz« der Dinge, sondern die Natur ihrer Materialität selbst.

Die tibetische Übersetzung des Sanskrit-Begriffs *Bodhichitta, Changchubsem* (*byang chub sems*) setzt sich aus folgenden drei Wörtern zusammen: *Chang* (*byang*) bedeutet »gereinigt«, *chub* »vervollkommnet« und *Sem* (*sems*) »Geist«. »Geist« steht hier für »Natur des Geistes«; »gereinigt« weist darauf hin, dass alles negative Karma und alle Hindernisse geläutert sind; »vervollkommnet« heißt, dass alle Ziele und Qualitäten erreicht wurden. Das ursprüngliche *Bodhichitta* ist der Zustand des Individuums, das schon von Anfang an frei von Hindernissen und vollkommen ist und alle Manifestationen der Energie umfasst. Es ist der Zustand jenseits von Dualität und Zeit, rein und vollkommen wie die Natur des Spiegels. Wenn wir ihn jedoch nicht erkennen, manifestiert er sich nicht. Daher ist es notwendig, die vorläufigen Hindernisse zu beseitigen.

Im *Dzogchen* wird der von Anfang an bestehende Zustand des Urgrundes nicht nur als Leerheit definiert, es werden auch seine drei Aspekte oder Charakteristika erklärt, die so genannten »drei ursprünglichen Weisheiten«: Essenz, Natur und Energie.[33]

Die *Essenz* ist Leere, das wahre Wesen des Individuums und der Erscheinungen. Sie ist Grundlage aller Wesen in der Erleuchtung wie in Kreislauf der Wiedergeburten, ob sie sich dessen bewusst sind oder nicht. Sie wird als »von Anfang an rein« (*kadag*) bezeichnet, da sie, wie der Raum, frei von Hindernissen und Grundlage aller Erscheinungen der Existenz ist.

Die Manifestation des ursprünglichen Zustandes in all seinen Aspekten, seine »Klarheit« nennt man *Natur.* Sie wird »in sich voll-

---

33 Essenz (*ngowo*), Natur oder Wesen (*rangshin*) und Energie oder Potentialität (*thugje*).

kommen« oder »spontan vorhandene Vollkommenheit« (*lhundrub*) genannt, weil sie spontan von Anfang an existiert, wie die Sonne, die am Himmel erstrahlt. Klarheit ist die reine Qualität der Gedanken und aller wahrgenommenen Erscheinungen, unberührt von mentalen Beurteilungen. Bei der Betrachtung einer Blume zum Beispiel nehmen wir zunächst nur das Erscheinungsbild wahr, ohne dass der Verstand in Funktion tritt – eine Phase, die den Bruchteil einer Sekunde dauern kann. In einem zweiten Moment setzt das Urteilen ein und wir bestimmen: »Es ist eine Blume, sie ist rot, duftend und so weiter.« Ab hier entspringen Neigung und Abneigung, Annahme und Ablehnung, die wiederum zu Karma und dem leidhaften Kreislauf der Wiedergeburten führen. Die Klarheit ist jene Phase, in der die Wahrnehmung lebendig und gegenwärtig ist, der Geist aber noch nicht in Aktion getreten ist. Sie ist die Phase, in der sich der Zustand des Individuums aus sich selbst heraus manifestiert. Das gleiche gilt für die Gedanken: Solange wir ihnen nicht nachgehen und uns im Urteilen verstricken, sind sie Teil der natürlichen Klarheit.

Die dritte der ursprünglichen Weisheiten ist *Energie*. Ihr Charakteristikum ist, das sie sich ununterbrochen[34] manifestiert. Die Erklärung der Energie im *Dzogchen* ist ein zentraler Punkt für das Verständnis des Urgrunds. Alle Dimensionen, ob rein oder unrein, materiell oder feinstofflich, sind Manifestationen oder Aspekte der Energie. Um den Ursprung des Kreislaufes der Wiedergeburten und der Erwachten verständlich zu machen, werden drei Formen unter-

---

34 *Thugje ma-gagpa* (*thugs rje ma 'gags pa*). In vielen westlichen Übersetzungen wird der Begriff *Thugje* in Zusammenhang mit *Dzogchen* als »Mitgefühl« übersetzt. Nach Chögyal Namkhai Norbus Erklärungen ist dies eine ungenaue und unvollständige Interpretation. *Thug* bedeutet »Zustand des Geistes« und *Je* »Herr«. Das bezieht sich auf die Energie als ursprüngliche Manifestation des Zustandes des Geistes. Im *Sutra* wird Mitgefühl als die Energie der Leerheit angesehen, deshalb wird es auch *Thugje* genannt. Aber im *Dzogchen* ist das Mitgefühl nur einer der Aspekte der Energie.

schieden, in denen die Energie in Erscheinung tritt: »*Tsal*«, »*Rolpa*« und »*Dang*«. Diese Begriffe sind in westliche Sprachen nicht ohne weiteres zu übersetzen.

Um die Erscheinungsform der Energie »*Tsal*« zu verstehen, nehmen wir das Beispiel einer Kristallkugel in der Nähe eines Fensters. Der Kristall ist rein und durchsichtig, doch wenn Sonnenstrahlen auf ihn fallen, wirft er farbiges Licht in den Raum. Diese Farben gehören nicht zum Kristall selbst, sondern treten durch eine sekundäre Ursache, hier die Sonnenstrahlen, in Erscheinung. Die Kristallkugel symbolisiert den ursprünglichen Zustand des Individuums, der gleichzeitig Essenz, Natur und Energie umfasst. Die farbigen Strahlen, die sich im Raum ausbreiten, sind Beispiel für eine natürliche Manifestation der Energie, die für das Individuum als etwas von ihm Getrenntes erscheint. Wenn in dem Moment, in dem sich die Energie des ursprünglichen Zustands manifestiert, erkannt wird, dass sie eine Projektion der eigenen, ursprünglichen Beschaffenheit ist, verwirklicht man sich in der Dimension der reinen Vision. Nimmt man hingegen die Farben und Strahlen als etwas Äußeres wahr, manifestiert sich die unreine Vision. So ist die Ursache beider Visionen, *Samsara* wie *Nirvana* dieselbe: die Manifestation des Lichts des ursprünglichen Zustandes.

Um »*Rolpa*« zu erklären, stellen wir uns einen Kristall vor, der statt die Farben nach außen zu brechen, sie in sich selbst reflektiert. Sie erscheinen also nicht außerhalb des Kristalls, sondern innerhalb seiner Oberfläche. In gleicher Weise kann sich die Energie des ursprünglichen Zustandes innerhalb der eigenen Dimension entfalten, also für das Individuum als etwas »Subjektives«. Dies geschieht z.B. im »*Bardo*«, dem Zustand zwischen Tod und Wiedergeburt, wenn die hundert fried- und zornvollen Gottheiten erscheinen. Diese befinden sich nicht außerhalb des Individuums, sondern sind die Manifestation seiner natürlichen und in sich selbst vollkommenen Beschaffenheit. Diese Erscheinungen können jedoch nur diejenigen wahrnehmen, die im Laufe ihres Lebens eine entsprechende Übertragung von ihrem Meister empfangen und diese spezifische Methode der Transformation der fried- und zornvollen Gottheiten praktiziert haben. Ein gewöhnliches Wesen nimmt nur das Auftreten von »Klang, Licht und Strahlen« wahr, das manchmal nur einen Augenblick dauern kann und meistens Entsetzen hervorruft.[35] Deshalb wird im *Tantra* der Erkenntnis der Energie »*Rolpa*«, welche die Grundlage aller Methoden der Transformation ist, große Bedeutung beigemessen.

Um »*Dang*« zu verstehen, betrachten wir den Kristall selbst, seine Reinheit und Transparenz. Legen wir eine Kristallkugel in die Mitte eines farbigen *Mandalas* und gehen im Kreis darum herum, so wird der Kristall von Mal zu Mal die Farbe annehmen, die der jeweiligen Richtung des *Mandalas* entspricht, obgleich er selbst rein und durchsichtig bleibt. Das ist ein Beispiel dafür, wie die Energie sich verhält, bei allem, was in Erscheinung treten kann. Manchmal spricht man anstelle von »*Dang*« von »*Gyen*«, dem »Ornament«, weil im Zustand der Kontemplation alle Manifestationen der Energie als Ornament des ursprünglichen Zustandes »wahrgenommen« werden.

Hat die Einführung durch einen Meister stattgefunden, werden die Essenz, die Natur und die Energie als »die drei Körper des Grunds«

---

35 Siehe Namkhai Norbu (Hrsg.): Il libro tibetano dei morti, Newton Compton, Rom 1979 und Chögyal Namkhai Norbu: On Birth, Life and Death, Shang Shung Edizioni 2006 außerdem G. Orofino (Hrsg): Sacred Tibetan Teachings on Death and Liberation, Prism Press 1990: S.136ff.

bezeichnet. Auf dem Weg der Praxis entsprechen sie den drei Aspekten oder charakteristischen Merkmalen der Natur des Geistes, dem Zustand der Ruhe (*nepa*), der Bewegung (*gyuwa*) und der unmittelbaren Präsenz bzw. des Gewahrseins (*rigpa*).[36]

Der ruhige Zustand ist jener Zustand des Geistes, in dem keine Gedanken aufkommen. Ein Beispiel dafür ist der Raum zwischen einem Gedanken, der verschwunden ist und einem anderen, der entsteht, der für gewöhnlich nicht wahrnehmbar ist. Bewegung dagegen ist das unaufhörliche Entstehen von Gedanken. Für den Zustand ohne Gedanken wird das Beispiel eines ruhigen Sees verwendet und für das Auftauchen der Gedanken jenes der Bewegung der Fische. Diese beiden Aspekte sind allen Wesen gemein. Der Zustand der unmittelbaren Präsenz oder des Gewahrseins dagegen ist etwas, das in uns dahindämmert und durch den Meister mittels Übertragung wiederentdeckt wird. Gewahrsein ist das reine urteilsfreie Erkennen beider Zustände, der Ruhe wie der Bewegung. Dies sind die »drei Dimensionen oder *Kayas* des Weges«.

Als Frucht oder Verwirklichung manifestieren sie sich als *Dharmakaya, Sambhogakaya* und *Nirmanakaya,* den drei »gereinigten« Dimensionen. *Dharmakaya* entspricht der Essenz, der Leerheit der Existenz, dabei ist jedoch der Zustand des Gewahrseins vollständig erweckt. Die Beschaffenheit des *Dharmakaya* ist jenseits von Form und Farbe, wie der grenzenlose Raum. *Sambhogakaya* ist die in sich

---

36 *Rigpa* ist einer der Schlüsselbegriffe in der *Dzogchen*-Lehre. Wörtlich bedeutet es »Wissen«, aber seine Bedeutung im *Dzogchen* drückt viel mehr aus als dieses Wort. Es ist das direkte und intuitive Wissen um den ursprünglichen Zustand, lebendig und stets gegenwärtig. Im Text wird *Rigpa* meist mit »unmittelbarer Präsenz« und manchmal einfach mit »Gewahrsein« übersetzt, auch wenn der letztere Begriff manchmal für *Drenpa* verwendet wird, das sich speziell auf die Achtsamkeit bezieht.

selbst vollkommene Dimension der Manifestation der Energie. Sie entspricht der natürlichen Klarheit des Urgrunds und ist mit dem Gewahrsein, der unmittelbaren Präsenz verbunden. *Nirmanakaya*[37] ist die Dimension der reinen wie auch der unreinen Manifestation, die vom Individuum als Objekt wahrgenommen wird, auch wenn es keinerlei dualistische Betrachtungsweise mehr gibt. Das Gewahrsein ist dabei vollkommen in die äußere Dimension integriert.

Aber wie viel wir auch analysieren mögen, wir dürfen darüber nicht vergessen, dass es um unseren Zustand, die eigenen Aspekte von Körper, Stimme und Geist geht. Wenn wir mit dieser Haltung eine Lehre zu verstehen versuchen, kann jede Erklärung Bedeutung haben und muss nicht mehr abstrakt bleiben. Ich erinnere mich, dass ich als Junge in Tibet das *Abhisamayalankara*[38] einen Kommentar zum *Prajnaparamita-Sutra*, gründlich studiert hatte und große Fertigkeit erlangte, seinen Inhalt wiederzugeben. Und doch gelang es mir nicht, seinen wahren Sinn zu erfassen, weil mir alle darin enthaltenen Beschreibungen der verschiedenen Ebenen von Buddhas und *Bodhisattvas* vollkommen fremd gegenüber meiner eigenen Situation erschienen. Der Meister des Kollegs merkte das vermutlich und sagte eines Tages zu mir: »Wenn du diese Beschreibungen der Buddhas liest, denke daran, dass es Beschreibungen deines eigenen Zustandes sind.« Ich versuchte, diesen Rat zu befolgen, fand es aber sehr schwer. Erst nach einigen Jahren, als sich mir das Wissen von *Dzogchen* offenbarte, verstand ich, was die Worte jenes Meisters be-

---

37 Unter *Nirmanakaya* (tib. *tulku*) versteht man im Allgemeinen auch die Manifestation eines Erleuchteten, der, um die Lehre zu übertragen, die Gestalt eines Menschen oder anderer Wesen annimmt. Als *Nirmanakaya* werden Buddha Shakyamuni, Padmasambhava, Garab Dorje und andere Meister angesehen.

38 *Abhisamayalankara* ist ein Werk von Asanga, eines bedeutenden indischen Philosophen des *Mahayana*.

deutet hatten. Als ich den Text nun wieder las, war es, als würde ich ihn zum ersten Mal »lesen«, denn er hatte eine neue Bedeutung für mich.

Im *Dzogchen* beruht die Praxis auf den beiden Grundaspekten der Natur des Individuums, dem Zustand der Ruhe und dem der Bewegung, über welche die Integration mit dem Zustand des Gewahrsein (*rigpa*) gefunden werden soll. In einigen buddhistischen Traditionen wird der *Shine*-Meditation (skt. *shamatha*) des Zustands der Ruhe große Bedeutung beigemessen. Ihr Ziel ist es, den Geist in einem Zustand der Entspannung zu belassen, frei von Gedanken oder ungestört von ihren Bewegungen. Manchmal jedoch besteht die Gefahr, in einem solchen Zustand »einzuschlafen« und so die Weiterentwicklung der Praxis zu hemmen. Im *Dzogchen* wird es deshalb für wichtig gehalten, mit der Energie der Bewegung, einem natürlichen Aspekt des Individuums, »arbeiten« zu können.

Auch im *Tantra* beruht die Praxis auf der Bewegung, aber einer »imaginären Bewegung«, die mental hervorgerufen wird. Das Ziel ist jedoch nicht, einen friedlichen Zustand, frei von Gedanken, zu finden. Durch unsere Vorstellungskraft erschaffen wir die reine Dimension des *Mandalas*, wobei wir von den Elementen Luft, Wasser, Feuer, usw. ausgehen. Das ist Bewegung. Solange wir aber noch nicht den Zustand von *Mahamudra* erreicht haben, ist es schwierig, die eigene Energie mit den normalen Aktivitäten unserer körperlichen Existenz zu verbinden.

Auch im *Dzogchen* wenden wir verschiedene Methoden an, die mit der Energie arbeiten, aber sie beruhen nicht auf Aktivitäten des Geistes. Ihre Grundlage ist die direkte Integration der Manifestationen der Energie in den Zustand des Gewahrseins. Ob im Geiste die reine Vision eines *Mandala* oder vor unseren Augen die karmische Vision eines Zimmers erscheint, macht keinerlei Unterschied, denn beide sind Teil unserer Klarheit. Ob wir uns im Zustand der Ruhe oder einer reinen Manifestation der »Bewegung« befinden, in beiden Fällen handelt es sich um Erfahrungen und nicht um den Zustand der Kontemplation selbst. Im Zustand des Gewahrseins, der in tausenden von Erfahrungen ein und derselbe ist, befreit sich alles, was aufkommt, von selbst: Das ist die Bedeutung der »Selbstbefreiung«.

Hinsichtlich des Verhaltens im täglichen Leben ist es genau diese »Selbstbefreiung«, die bei allen Aktivitäten angewandt wird. Am Beispiel des Zorns sind bereits die verschiedenen Reaktionsmöglichkeiten einer Praktizierenden des Weges der Entsagung bzw. des Weges der Transformation beschrieben worden. Wir haben auch erwähnt, dass die Verwandlung der Leidenschaften in Weisheit nach der tantrischen Methode eine höhere Fähigkeit erfordert, die das Ergebnis jahrelanger Übung ist. Die Idee der Transformation beruht jedoch immer noch auf einer dualistischen Sichtweise: Auf der einen Seite die Leidenschaft, auf der anderen ihre Verwandlung in Weisheit. Eine *Dzogchen*-Praktizierende wird, wenn Zorn in ihr aufsteigt, nicht versuchen, ihn zu unterdrücken oder zu verwandeln, sondern wird beobachten, ohne zu urteilen. Auf diese Weise wird sich der Zorn – in seinem natürlichen Zustand belassen – von selbst auflösen und sich so befreien können.

Wenn ein Gedanke oder eine Leidenschaft entsteht, können im Allgemeinen zwei Phasen deutlich unterschieden werden. In der ersten entsteht die »Bewegung« als solche, z. B. die des Zorns, in der zweiten lassen wir uns zur Beurteilung hinreißen und beginnen zu handeln. Um die Methode der Selbstbefreiung anzuwenden, ist es wichtig, den Moment, bevor die geistige Beurteilung einsetzt, zu beachten. Wenn der Zustand der unmittelbaren Präsenz, Gewahrsein aufrechterhalten wird, kann jeder Gedanke und jede Bewegung mit einer Wolke in der Größe eines Eies verglichen werden, die sich allmählich bis zur Größe eines Berges ausdehnt, und sich dann wieder verkleinert, bis sie sich völlig auflöst.

Das Erkennen des Zustandes der Selbstbefreiung ist Grundlage für das Praktizieren des *Dzogchen*. Es heißt: »Die *Dzogchen*-Praktizierenden meditieren ohne zu meditieren.« Das scheint ein Wortspiel zu sein, ist aber die Wahrheit. Das Wichtigste ist, sich nicht ablenken zu lassen, d.h. jeden Moment gegenwärtig zu sein. Es gibt die Erzählung von einem sehr gelehrten Mönch, der einst Yungtön[39] besuchte, einen *Dzogchen*-Meister, der sehr einfach lebte, umgeben von seinen Schülern. Dieser Mönch, der jahrelang die buddhistische Lehre studiert hatte und sich als »Wissender« fühlte, dachte voll Eifersucht: »Was erlaubt er sich, als gewöhnlicher Mensch die Lehre zu verbreiten. Wie kommt er dazu, zu behaupten, dass er ein Meister sei, wenn er nicht einmal die Mönchsrobe trägt? Ich werde hingehen und mein Wissen mit dem seinigen messen, um ihn vor seinen Schülern zu demütigen. So werden sie endlich mir folgen.« Voller Stolz und Arroganz ging der Mönch zu Yungtön und fragte: »Meditiert ihr *Dzogchen*-Praktizierenden immer?« Yungtön fragte zurück: »Was gibt es zu meditieren?« – »Also,« setzte der Mönch wieder an, »meditiert ihr nicht?« Yungtön antwortete: »Wann bin ich jemals zerstreut?«

---

39 Yungtön Dorje Pal (1284–1365).

4. Die Bedeutung der Übertragung

Die *Dzogchen*-Lehre ist mit einer Übertragung verbunden, die im Meister lebendig ist und von grundlegender Bedeutung für die Entwicklung der Erkenntnis und die Verwirklichung seiner Schüler und Schülerinnen ist. Im *Sutra* wird davon ausgegangen, dass Erleuchtung nur nach vielen Leben, die der Praxis gewidmet sind, zu erlangen sei. Im *Tantra* hingegen geht man davon aus, sie in einem einzigen Leben zu realisieren, da die angewandten Methoden weitaus wirksamer sind. Im *Dzogchen* ist es nicht nur möglich, sich im Laufe eines Lebens zu verwirklichen, es wird auch vom »großen Übergang in den Lichtkörper« gesprochen, d.h. der materielle Körper geht, ohne zu sterben, in die leuchtende Essenz der Elemente über, bzw. wird von ihr wieder absorbiert und verschwindet für das Auge eines gewöhnlichen Menschen. Diese Verwirklichung wurde von Meistern wie Padmasambhava und Vimalamitra und in der *Bön*-Tradition von Tapihritsa[40] erreicht. Gelingt es jedoch im Laufe des Lebens nicht, den Lichtkörper zu erlangen, so kann er nach dem Tod verwirklicht werden. Vielen *Dzogchen*-Praktizierenden in Tibet ist das bis in die jüngste Vergangenheit hinein gelungen. Diese Verwirklichung hängt nicht nur mit den besonderen Methoden des *Dzogchen*[41] zusammen, sondern in erster Linie mit der Wirkung der Übertragung durch Meister und Meisterin.

---

40 Tapihritsa ist einer der wichtigsten Meister jener Linie der mündlichen Tradition des *Dzogchen* von Shang-Shung (*Dzogpa Chenpo Shang-Shung Nyengyü*), welche die ältesten *Dzogchen*-Lehren des *Bön* enthält, auch wenn sie erst im siebten Jahrhundert n. Chr. niedergeschrieben worden sind.

41 Die Methoden der Praxis, die zur Verwirklichung des Lichtkörpers führen, sind in erster Linie *Thögal* und *Yangtig*, die in der Serie der Geheimen Anweisungen, *Upadesha* oder *Men-ngagde* enthalten sind. Die Grundlage dieser Praxis ist immer der Zustand der Kontemplation.

Wenn ein *Dzogchen*-Meister lehrt, überträgt er das Wissen durch mündliche, symbolische und direkte Übertragung. Im *Dzogchen* ist eine rituelle Ermächtigung wie im *Tantra* nicht unbedingt notwendig, denn Sinn der Einweihung ist die Übertragung des Wissens und diese kann auch durch eine einfache Erklärung erfolgen. Alles hängt von der Verständnisfähigkeit des Schülers ab.

Einige Meister der *Nyingmapa*-Tradition haben erklärt, dass die drei Arten der Übertragung sich auf den Ursprung der *Dzogchen*-Lehre beziehen. Es wird gesagt, dass *Dzogchen* anfänglich von *Samantabhadra* (*dharmakaya*) direkt an *Vajrasattva*[42] (*sambhogakaya*), von diesem aus durch symbolische Übertragung an Garab Dorje (*nirmanakaya*) und von ihm mündlich an die Menschen übertragen worden sei. So, als hätte es drei Lehrer gegeben, durch die drei Arten von Belehrungen entstanden sind. In Wirklichkeit aber sind die drei Arten der Übertragung untrennbar vom Meister, sie sind der »Weg«.

Wenn die direkte Übertragung aus der Dimension des *Dharmakaya* in die des *Sambhogakaya* erfolgt ist, kann sie nicht »Weg« gewesen sein, denn der *Sambhogakaya* braucht keinen Weg. Da das Individuum gleichzeitig aus Körper, Stimme und Geist besteht, werden alle drei Arten der Übertragung vom Lehrer genutzt, um das Wissen zu vermitteln.

Die mündliche Übertragung umfasst sowohl die Erklärungen des Meisters, welche die Beschaffenheit des ursprünglichen Zustandes

---

42 *Vajrasattva*, der lächelnd in weißer Farbe mit Seidenornamenten und *Vajra* und Glocke in den Händen dargestellt wird, steht für den *Sambhogakaya*. Er ist eine Form der Gottheit, die für die Reinigung besonders wirksam ist.

Garab Dorje, der erste menschliche Dzogchen-Meister; die rechte Hand ist in der Mudra der »direkten Einführung«. Zeichnung: Glen Eddy

verständlich machen, als auch die Methoden der Praxis, um zu diesem Wissen zu gelangen.

Die symbolische Übertragung erfolgt sowohl durch Symbole, die gezeigt werden, um das Wissen des ursprünglichen Zustandes zu vermitteln – etwa ein Spiegel oder ein Kristall – als auch durch Erzählungen, Parabeln und Rätsel.[43]

---

43 Beispiele für Parabeln und Rätsel in den alten Schriften des *Dzogchen* finden sich in

Die direkte Übertragung geschieht durch die Vereinigung des Zustandes des Meisters mit dem des Schülers und erfordert eine bestimmte Vorbereitung von Seiten des Schülers. Ein Beispiel direkter Übertragung findet sich in der Geschichte der Erweckung Naropas, einem berühmten indischen *Mahasiddha* und Schüler Tilopas.[44] Naropa war ein berühmter *Pandita*, ein großer Gelehrter und Abt der buddhistischen Universität von Nalanda, einem der wichtigsten Zentren buddhistischer Kultur im mittelalterlichen Indien. Sein Wissen war jedoch intellektuell und doktrinär geblieben und nicht in der Erfahrung gelebt worden. Nachdem er einige Jahre in Nalanda gelebt hatte, verzichtete er nach visionären Hinweisen und Zeichen auf sein Amt als Abt und machte sich auf die Suche nach Tilopa, der seinen Visionen zufolge jener *Guru* war, der ihn erwecken würde. Nach langer mühseliger Suche, auf der er Tilopa in unterschiedlichen Gestalten begegnete, ohne ihn zu erkennen, traf er schließlich auf einen Fischer, der sich Tilopa nannte. Dieser briet in einer Pfanne Fische, erweckte sie mit einem Fingerschnippen wieder zum Leben und warf sie ins Wasser zurück. Naropa ist durch diese Begegnung erschüttert, doch er hat Vertrauen in seinen Meister und folgt ihm viele Jahre als ständiger Diener. Während all dieser Zeit erhält er nicht eine einzige Belehrung, stattdessen stellt ihn Tilopa durch mehrere Akte der Selbstverleugnung auf die Probe. Eines Tages, als Meister und Schüler in einer Höhle auf einem Berg sind, bittet Tilopa Naropa, ins Tal hinunterzusteigen, um Trinkwasser zu holen. In drückender Hitze kehrt Naropa unter großer Anstrengung

---

Namkhai Norbu, »Drung, Deu and Bön – Narrations, Symbolic Languages and the Bön Tradition in Ancient Tibet« Translated by Adriano Clemente; Library of Tibetan Works and Archives, Dharamsala 1995.

44 Tilopa (988–1069) und Naropa (1016–1100) sind die beiden ersten Meister einer Linie, deren direkte Nachfolger Marpa und Milarepa waren, welche die Tradition der *Kagyüpa* gründeten.

nach kurzer Zeit mit dem Wasser zurück. Sobald Tilopa ihn sieht, zieht er einen seine Sandale aus und schlägt Naropa auf die Stirn, der wie tot umfällt. Als Naropa wieder zu sich kommt, ist er verändert. Sein Wissen ist wiedererweckt worden. Es handelt sich aber nicht um eine Wundertat Tilopas. Viele Jahre lang hatte Naropa Entbehrungen auf sich genommen und sich so auf die Aufnahme der Übertragung vorbereitet.

Die Bedeutung der Übertragung liegt nicht nur darin, in den Zustand des Wissens einzuführen, sondern auch darin, diesen bis zur Verwirklichung reifen zu lassen. Deshalb ist die Beziehung zwischen dem Schüler und dem Meister sehr eng. Der Meister ist im *Dzogchen* nicht nur wie ein Freund, der hilft und unterstützt, sondern er ist der Weg selbst, denn die Kontemplationspraxis entwickelt sich durch die Vereinigung des Zustandes des Schülers mit dem des Meisters. Auch im *Sutra* und *Tantra* ist der Meister wichtig, im ersteren als Träger der Lehre Buddhas im zweiten als Quelle aller Manifestationen der Verwandlung.

Es ist überliefert, dass Padmasambhava, als er seinen tibetischen Schülern die Einweihung des *Vajrakilaya*[45] übertrug, das *Mandala* dieser Gottheit auf wundersame Weise vor ihnen habe erscheinen lassen und sie aufforderte, ihre Verehrung zu bezeugen. Alle Schüler standen auf und warfen sich vor dem *Mandala* nieder, nur Yeshe Tsogyal[46] brachte ihre Verehrung Padmasambhava dar, da sie erkannt hatte, dass der Meister der Ursprung aller Manifestationen ist.

---

45 *Vajrakilaya* ist einer der acht Zyklen tantrischer Gottheiten, die von Padmasambhava in Tibet eingeführt worden sind.

46 Yeshe Tsogyal war die wichtigste Gefährtin und Schülerin Padmasambhavas. Ihre Biographie ist von Keith Dowman übersetzt worden. Siehe: Keith Dowman: Sky Dancer, Routledge & Kegan Paul, London 1984.

Der Meister oder die Meisterin ist das Tor zum Wissen und seine Übertragung ist im Leben eines Praktizierenden immer gegenwärtig. Man kann von verschiedenen Meistern Unterweisungen erhalten, es gibt keine Beschränkungen. Aber im Allgemeinen ist es ein ganz bestimmter Meister, der das Wissen wiedererweckt. Er wird als »Wurzel-Lama« (*tsawe lama*) bezeichnet. Als ich in Tibet war, bin ich selbst zahlreichen Meistern begegnet, die mir Belehrungen und Ermächtigungen gegeben haben, aber es war vor allem ein Meister, Changchub Dorje, der mir das Tor zum Wissen geöffnet hat.

Zwei Jahre, bevor ich ihm begegnete, hatte ich einen Traum. Ich war in einem mir unbekannten Dorf mit lauter weißen aus Zement gebauten Häusern, was in Tibet, wo die Häuser gewöhnlich farbig und aus Stein sind, selten vorkommt. Sie glichen jenen Häusern aus Zement, welche die Chinesen seit einigen Jahren in Osttibet zu bauen begonnen hatten. Ich näherte mich einem dieser Häuser und bemerkte über der Tür in goldener Schrift auf blauem Grund das *Mantra* Padmasambhavas. Ich trat ein und sah einen alten Mann, der wie ein typischer tibetischer Bauer aussah. Während ich mich fragte, ob er vielleicht ein Meister sei, hörte ich ihn das *Mantra* Padmasambhavas rezitieren. Dann sagte er zu mir: »Auf der anderen Seite dieses Berges ist in der Mitte einer Felswand eine Höhle, welche die acht natürlichen *Mandalas* enthält. Geh sofort und schau sie dir an!« Verwundert begann ich sogleich, den Berg hinaufzusteigen. Hinter mir kam auch mein Vater. Als wir die Höhle betraten, begann mein Vater mit lauter Stimme das *Prajnaparamita-Sutra* zu rezitieren, und ich stimmte mit ein. Wir gingen an den Wänden entlang, aber ich konnte nur einige Ornamente der acht *Mandalas* erkennen. In diesem Moment wachte ich auf und rezitierte immer noch das *Sutra*.

Im Jahre 1956 wurde in meinem Dorf die Tochter eines Adligen sehr krank und trotz aller Behandlungen verschiedener Ärzte besserte sich ihr Befinden nicht. Ihre Eltern hatten von einem Arzt und Meister gehört, der schon schwierige Fälle geheilt hatte und sie beschlossen, Diener zu ihm zu schicken und ihn um Hilfe zu bitten. Nach zwei Tagesreisen zu Pferde kamen die Diener bei dem Meister an, der sie aufnahm und erst einmal ausruhen ließ. Am Tag darauf sagte er ihnen aber, dass Medikamente jetzt sinnlos seien, da das Mädchen drei Stunden nach ihrem Aufbruch gestorben sei. Als die Diener nach Hause kamen, berichteten sie davon und erfuhren, dass das Mädchen wirklich kurz nach ihrer Abreise gestorben war.

Eines Tages kam der Vater des Mädchens, ein Freund unserer Familie, meinen Vater besuchen und erzählte ihm von diesem Arzt und Meister, den er als einen alten Bauern beschrieb, der in einem Dorf mit weißen Häusern aus Zement wohnte. Ich hörte auch zu und erinnerte mich sofort wieder an den Traum. Noch am gleichen Abend bat ich meinen Vater, zu jenem Meister gehen zu dürfen. Nach zwei Tagen Vorbereitung brach ich zusammen mit meinem Vater auf. Als wir in dem besagten Dorf ankamen, stellte ich fest, dass der Ort genauso aussah wie jener, von dem ich geträumt hatte. Der dort lebende Meister nahm uns auf, als ob er uns schon kennen würde. Er war ein sehr einfacher Mensch, lebte als Dorfarzt und hatte eine kleine Gemeinschaft von Schülern und Schülerinnen, die in Harmonie miteinander praktizierten und arbeiteten. Die Leute im Dorf erzählten, dass der Meister, als er zum ersten Mal hierher gekommen sei, gesagt habe, er sei siebzig Jahre alt, und seitdem immer dasselbe Alter angegeben hätte. Aufgrund der Jahre, die inzwischen vergangen waren, konnte man annehmen, dass er zu jenem Zeitpunkt hundertdreißig Jahre alt war.

Ich blieb mehrere Monate bei dem Meister. Während der ersten Tage hatte ich jedoch Schwierigkeiten, da ich ansehnlichere Meister gewohnt war, die Unterweisungen und Ermächtigungen auf traditionelle Art gaben. Es schien mir, als lehrte Changchub Dorje gar nichts, tatsächlich aber lehrte er mich, den Käfig, den ich mir geschaffen hatte, zu zerbrechen. Damals wurde mir klar, dass ich nach so vielen Jahren des Studiums den wahren Sinn der Lehre immer noch nicht erfasst hatte. Aber ich war dennoch unzufrieden, da er mir keine Ermächtigungen gegeben hatte. Als ich ihn bat, mir eine Ermächtigung zu geben, antwortete er: »Du brauchst keine rituelle Ermächtigungen zu empfangen. Außerdem hast du schon so viele von verschiedenen Meistern erhalten.« Ich erwiderte, dass ich eine von ihm erhalten wollte, und schließlich gab er meinem Drängen nach. Er beschloss, mir die Ermächtigungen der hundert friedvollen und zornvollen Gottheiten zu geben. Da er nicht viel Erfahrung in der Durchführung von Ritualen hatte, ließ er sich von einem mit diesen Dingen vertrauten Schüler helfen. Jene Ermächtigung, die normalerweise nicht so lang braucht, dauerte einen ganzen Tag. Changchub Dorje wusste wirklich nicht, wie die verschiedenen Phasen des Rituals auszuführen waren, er konnte nicht einmal fließend lesen. Für gewöhnlich gibt es bei den Ermächtigungen einen Abschnitt, in dem zur Übertragung der Ermächtigung durch die *Mantras* die Glocke geläutet und gleichzeitig der *Damaru*[47] geschlagen wird. Aber der Meister läutete zuerst die Glocke, dann schlug er den *Damaru* und zum Schluss rezitierte er das *Mantra*. Ich war sehr erstaunt, da ich selbst genau wusste, wie die Phasen des Einweihungsrituals ausgeführt werden. Abends, gegen Ende der Ermächtigung, sprach

---

47 Der *Damaru* ist eine kleine zweiseitige Trommel, die bei tantrischen Riten benutzt wird und manchmal aus menschlichen Schädeln hergestellt ist.

Changchub Dorje, der Meister, der Chögyal Namkhai Norbu das Tor zum Wissen öffnete.
Zeichnung: Nigel Wellings

Changchub Dorje mit mir und machte mir die wirkliche Bedeutung der Einweihung klar. Gewöhnlich zeigt der Meister am Ende einer Ermächtigung das Buch, in denen sie enthalten ist und erklärt die jeweilige Übertragungslinie der Meister. Doch Changchub Dorje zeigte mir nicht das Buch, sondern erklärte mir über drei oder vier Stunden hinweg den wahren Sinn der *Dzogchen*-Lehre. Es schien, als rezitiere er ein *Tantra* des *Dzogchen*,[48] so vollkommen und tiefgründig war seine Rede. Zum Schluss sagte er: »Dies ist die vollständige Übertragung des *Dzogchen*, der Serie der *Natur des Geistes*, des *uranfänglichen Raumes* und der *Geheimen Unterweisungen*.« Dies bedeutete eine völlige Umkehrung meiner Ansichten; alle Begrenzungen meines intellektuellen Wissens stürzten ein. Changchub Dorje hatte mir eine Tür geöffnet; er hatte mir klar gemacht, dass *Dzogchen* im Menschen selbst lebt.

Er hatte nie eine scholastische Ausbildung erhalten und nie studiert. Sein Wissen war Ergebnis eines inneren Erwachens, das sein Leben verändert hatte. Er war auch ein »*Tertön*« oder *Terma*-Entdecker und ich hatte Gelegenheit, einige *Termas* nach seinem Diktat aufzuschreiben. Meistens saß Changchub Dorje vor dem Fenster seines Hauses und empfing seine Patienten. Ich saß im Haus hinter dem Fenster und schrieb das auf, was er mir zwischen den einzelnen Besuchen diktierte. Kamen Patienten, so unterbrach er seine Rede, aber wenn er sie wieder aufnahm, setzte er, ohne auch nur zu fragen, den Satz genau an der Stelle fort, an der wir stehen geblieben waren.[49]

48 Auch wenn die Schriften des *Dzogchen* keine Lehren des Weges der Transformation enthalten, werden sie trotzdem »*Tantra*« genannt, da sie die Natur des ursprünglichen Zustandes des Individuums, die »Kontinuität« (*tantra*) der Manifestation der Energie, erklären.

49 Das bezieht sich in diesem Fall auf die Enthüllung der Texte, die »Schätze des Zustandes der Erkenntnis« genannt werden (*gongter*).

Einer der wichtigsten Meister Changchub Dorjes war Nyagla Padma Dündul.[50] Auch er war ein sehr schlichter Meister, der dadurch berühmt geworden war, dass er nach seinem Tod den Lichtkörper verwirklicht hatte. Wenn ein Praktizierender beschließt zu sterben, bittet er für gewöhnlich darum, sieben Tage in einem Zelt oder in einem Raum alleingelassen zu werden. Am achten Tag findet man dann nur noch seine Haare und Nägel, die als unreiner Teil des Körpers angesehen werden.

Es wird berichtet, dass Padma Dündul zwanzig Tage vor seinem Tod seine engsten Schüler um sich versammelte, um ihnen sämtliche Unterweisungen und Ermächtigungen, die er bis dahin noch nicht übertragen hatte, zu geben. Unter diesen Schülern war auch mein Meister, Changchub Dorje. Viele Tage praktizierten sie zusammen *Ganapuja*,[51] bis Padma Dündul schließlich am zehnten Tag des Mondkalenders, der als Tag Padmasambhavas gilt, darum bat, auf den Berg, den er sich zum Sterben ausgesucht hatte, begleitet zu werden. Als sie angekommen waren und sein kleines Zelt aufgestellt hatten, bat sie der Meister, den Eingang zuzunähen und nach einer Woche zurückzukommen. Es heißt, es habe während jener Tage stark geregnet und es seien viele Regenbogen erschienen. Am achten Tag, als sie das Zelt öffneten, fanden sie nur noch seine Kleider. Sie waren noch in derselben Position, in der sich der Meister hin-

---

50 Nyag bla Pad ma bdud 'dul (1816–1872). Seine Biographie wurde inzwischen aus dem Tibetischen im Rahmen einer Doktorarbeit von Oriol Aguilar ins Spanische übersetzt: El loto del Nyag rong. Un estudio sobre la vida de Nyag bla Padma bdud 'dul y su transmision del conocimiento.

51 *Ganapuja* ist ein tantrisches Ritual, das aus mehreren Phasen besteht und dessen Zweck es ist, einerseits das »Versprechen« (skt. *samaya*) zwischen Schülern und Meister und andererseits zwischen den Schülern selbst zu erneuern. Außerdem entwickeln die Praktizierenden durch den Verzehr von Speisen und Getränken die Fähigkeit, den sinnlichen Genuss in die Kontemplation zu integrieren und einen Zustand jenseits der Dualität zu finden, was letztendlich die Bedeutung von *Samaya* ist.

gesetzt hatte, als er das Zelt betreten hatte. Der Stoffgürtel, der das traditionelle tibetische Gewand in Taillenhöhe zusammenhält, war so zugebunden, als ob noch eine Person darin sei. Padma Dündul war ein sehr einfacher Praktizierender gewesen, ohne einen festen Wohnsitz, der sein ganzes Leben lang herumgezogen war und oft *Chöd*[52] praktiziert hatte. Er war auch Meister von Ayu Khandro,[53] einer Meisterin von mir, die mehr als fünfzig Jahre in Klausur zurückgezogen in der Dunkelheit gelebt hat.

Eine andere Geschichte berichtet von der Verwirklichung des Lichtkörpers im Jahre 1949. Ein Mönch eines *Sakyapa*-Klosters, in dem sehr strenge Regeln herrschten, hatte eine Beziehung zu einer Frau begonnen. Als dies entdeckt wurde, ließen ihn die Würdenträger des Klosters auspeitschen und jagten ihn fort. Traurig und heimatlos zog der Mönch in das nördliche Osttibet. Dort hatte er das Glück, Tsangpa Drubchen[54] zu treffen, einen *Dzogchen*-Meister, der zwölf Kinder hatte, die alle Praktizierende waren. Sie lebten als Nomaden und Viehzüchter. Der Mönch blieb fast zwei Jahre dort, arbeitete mit ihnen und erhielt zahlreiche Unterweisungen. Dann beschloss er, in seinen Heimatort zurückzukehren. Doch es wurde ihm nicht erlaubt, in seinem früheren Haus, das innerhalb des Klosterkomplexes lag, zu wohnen. Daher baute er sich eine kleine Hütte an einer Stelle, von der er das Klosterleben zumindest sehen konnte.

---

52 *Chöd* ist eine Praxis, die darauf beruht, durch Visualisierung den eigenen Körper Geistern und Wesen, die Störungen und Hindernisse verursachen, als Opfer darzubringen, um sie zu befrieden und karmische Schulden zu begleichen. Diese Praxis wird gesungen und von *Damaru* und Glocke begleitet. Sie beruht ursprünglich auf dem Prinzip der »Leerheit« aus dem *Prajnaparamita-Sutra* und wurde dann von der großen tibetischen Meisterin Machig Labdrön (1055–1149) entwickelt und vervollkommnet.

53 1838–1953.

54 Tsangpa Drubchen war einer der wichtigsten Meister von Khyentse Chökyi Wangchug (1910–1963), einem Onkel Namkhai Norbus.

Die Frau, mit der er früher eine Beziehung gehabt hatte, zog zu ihm, half ihm, während er sich in Klausur zurückzog, um zu praktizieren und kümmerte sich um das Vieh. So lebten sie einige Jahre zusammen, bis er eines Tages ankündigte, er werde innerhalb einer Woche sterben. Er ging zu den Verwaltern des Klosters und kam mit ihnen überein, wenigstens die Hälfte seines Besitzes seiner Gefährtin hinterlassen zu können. Starb ein Mönch, war es in Tibet so, dass alle seine Besitztümer rechtmäßig an das Kloster übergingen. Nachdem er nun diese Angelegenheit geregelt hatte, bat er darum, eine Woche lang in seinem Raum nicht gestört zu werden. Im Morgengrauen des achten Tages gingen zahlreiche Mönche und Würdenträger zur Hütte des Mönchs, um diesem Ereignis beizuwohnen, obgleich sie ihn immer kritisiert und schlecht behandelt hatten. Als sie sein Zimmer öffneten, fanden sie nur noch Nägel und Haare. Daraufhin errichteten sie eine goldene Grabstätte, um diese aufzubewahren.

Vor nicht allzu langer Zeit, im Jahre 1952, war mein Onkel[55] selbst Zeuge einer dieser Begebenheiten. In der Nähe unseres Dorfes lebte ein alter Mann, der seinen Lebensunterhalt damit verdiente, *Mantras* in Stein zu meißeln. In seiner Jugend war er zunächst Schneider gewesen, danach Stallbursche von Dodrubchen,[56] einem berühmten Meister, bei dem er vermutlich Belehrungen gehört hatte. Vor seinem Tod schenkte er seine gesamte Habe dem Kloster, in dem sein Sohn als Mönch lebte und kündigte an, dass er innerhalb einer Woche sterben werde. Alle wunderten sich, weil ihn niemand für einen

55 Es handelt sich um den Onkel Togden Ugyen Tendzin (1893–1959). Auch er hat den Lichtkörper erlangt.

56 Dodrubchen Jigme Tenpe Nyima (1865–1926), dritte Reinkarnation von Dodrubchen Jigme Trinle Öser (1745–1821), einem direkten Schüler des großen Meisters Jigme Lingpa (1729–1798).

Praktizierenden hielt. Aber als er Anweisung gab, sieben Tage lang in einem Zelt eingeschlossen zu werden, verstanden sie, dass er den Lichtkörper verwirklichen würde. Am achten Tag kamen viele Menschen, um dem Ereignis beizuwohnen, darunter auch einige chinesische Funktionäre, die überzeugt waren, ein für allemal den Aberglauben der Tibeter beweisen zu können. Aber auch dieses Mal fanden sie nur Haare und Nägel. Ich erinnere mich, dass mein Onkel, der bei der Öffnung des Zeltes anwesend war, in Tränen zurückkam und sagte: »Seit Jahren habe ich ihn gekannt, aber wer hätte gedacht, dass er ein so großartiger Praktizierender war!« So sind viele Praktizierende des *Dzogchen* einfache Menschen, die, auch wenn wir es ihnen äußerlich nicht ansehen, wirklich im Besitz von Wissen sind. Der Lichtkörper ist im *Dzogchen* die höchste Form der Verwirklichung. Seine Funktion unterscheidet sich von einer *Sambhogakaya*-Manifestation dadurch, dass ein Lichtkörper kommunizieren und den Lebewesen aktiv helfen kann. Es ist, als ob der physische Körper, dessen materielle Substanz wieder in die leuchtende Essenz absorbiert ist, als feinstoffliche Elementenverbindung weiterleben würde. Die *Sambhogakaya*-Manifestation hingegen ist passiv, da es von den Lebewesen selbst abhängt, ob sie sich die Vision zunutze machen können.

Verwirklichung lässt sich nicht erzeugen, sie hängt nicht von Handlungen und Bemühungen ab. Im Grunde genommen bedeutet »sich verwirklichen« nur, die zeitweiligen Hindernisse zu überwinden, und zu diesem Zweck ist die Übertragung des Meisters eine große Hilfe. Im *Dzogchen* kann die Überwindung der Hindernisse äußerst schnell gehen, da sich der Zustand der Kontemplation durch die Übertragung leicht entwickeln lässt. Aus unserer begrenzten Sicht könnten wir leicht den Mut verlieren, wenn wir glauben, dass zur

Läuterung unseres Karmas viele Leben nötig seien. Wenn wir die Anhäufung unseres Karmas materiell sehen könnten, hätte das positive Karma die Größe eines Steins und das negative die eines Berges. Wie viel Zeit wäre wohl vonnöten, um es zu reinigen? Wahrscheinlich würden hunderte von Reinigungpraktiken den Berg nur um eine Fingerbreite abtragen können.

Karma aber ist keine materielle Anhäufung. Es sind keine äußeren Umstände, sondern nur Hindernisse, die dem Wissen im Wege stehen. Wir können unser gesamtes Karma und unsere Unwissenheit mit einem dunklen Zimmer vergleichen und das Wissen des ursprünglichen Zustandes mit einer Lampe. Wird die Lampe angezündet, so weicht die Dunkelheit augenblicklich und alles ist hell. Gleichfalls kann man beim Eintritt in das Wissen des ursprünglichen Zustandes in einem einzigen Augenblick alle Hindernisse überwinden.

Ein Praktizierender, der im Durcheinander der Gedanken den Zustand des Gewahrseins zu finden sucht, ist anfangs wie ein Blinder, der einen Faden durch ein Nadelöhr ziehen will. Der Meister hingegen kann sehen und hilft ihm, die beiden Hände einander anzunähern. Gelingt es dem Blinden, den Faden durch das Nadelöhr zu ziehen, so ist es, als ob er sein Augenlicht zurückgewinne, ähnlich dem Moment, in dem er durch die Übertragung den ursprünglichen Zustand erkennt.

Um den Zustand des Individuums zu erklären, werden auch die Beispiele von Himmel, Sonne und Wolken verwendet. Der Himmel ist kein definierbarer Ort: Er besitzt weder Form noch Farbe, weder kann man festlegen, wo er anfängt, noch wo er aufhört. Er ist eine universelle Gegebenheit wie der Urgrund des Individuums, die Leerheit. Der *Urgrund* eines Individuums ist vergleichbar mit dem Raum, den eine Tonvase einschließt. Wenn er auch vorübergehend durch die Form der Vase abgegrenzt ist, so ist er doch nicht verschieden von dem Raum, der sie umgibt. Dieser leere Zustand, der wie der leere Raum ist, wird die *Essenz* genannt und ist jenseits aller Vorstellungen. In ihr aber gibt es eine ständige *Klarheit,* die sich als Gedanken und als verschiedene Aspekte der *Energie* manifestiert. Diese Klarheit ist der Zustand der unmittelbaren Präsenz, gleich der Sonne, die am Himmel aufgeht.

Das Licht der Sonne ist die Manifestation der Klarheit des Himmels und der Himmel ist die Grundbedingung für die Manifestation des Sonnenlichts. Am Himmel können zwei, drei, vier oder noch mehr Sonnen erscheinen, der Himmel aber bleibt immer unteilbar. So ist auch der Zustand der unmittelbaren Präsenz jedes Individuums einzigartig und unterschiedlich, sein Zustand der Leerheit aber ist allen Wesen gemein und eigen.

Zum Schluss haben wir das Beispiel der Wolken, die für die vorübergehenden Hindernisse stehen, welche das Erscheinen unseres ursprünglichen Zustandes behindern. Wenn sich die Wolken verdichten, ist es, als existiere die Sonne nicht mehr, aber in Wirklichkeit hat sich ihr Standort nie verändert. Sowohl tagsüber als auch nachts ist sie immer da, doch nicht immer erleuchten ihre Strahlen die Erde. So existiert auch im Individuum der ursprüngliche Zustand des Wissens von Anfang an, ob man im Kreislauf der Wiedergeburten herumirrt oder erwacht ist. Der einzige Grund, weshalb er sich nicht manifestiert, ist die Unwissenheit, das Nicht-Erkennen. Erleuchtung oder *Nirvana* ist nichts anderes als der Zustand jenseits aller Hindernisse, als wären wir auf einem sehr hohen Berg, wo immer die Sonne scheint. *Nirvana* ist kein Paradies oder Ort der Glückseligkeit, sondern ein Zustand jenseits aller dualistischen Begriffe, einschließlich derer von Glück und Leid.

Wenn alle Hindernisse überwunden sind und wir uns im Zustand des umfassenden Gewahrseins befinden, erscheint die Weisheit der Erleuchtung von selbst – grenzenlos, wie die unendlichen Strahlen der Sonne. Die Wolken haben sich aufgelöst, die Sonne ist endlich frei und leuchtet wieder.

Teil 2 Der Kuckuck des Gewahrseins

Einführung

»Kuckuck des Gewahrseins« (*Rigpe Khujug*) ist einer jener alten *Dzogchen*-Texte, die Vairochana nach Tibet gebracht hatte. Der Titel selbst wurde von Vairochana als Zusatz für die »Sechs Verse des Vajra« (*Dorje Tsigdrug*) geprägt, die innerhalb der *Dzogchen*-Schriften zur Kategorie der »*Lung*« gehören. *Lung* bilden jenen Teil der Lehren, die ursprünglich von Garab Dorje übertragen worden sind und die wichtigsten Punkte eines oder mehrerer *Tantras*[57] beinhalten. Die »Sechs Verse des Vajra« werden so genannt, weil sie den ursprünglichen Zustand des Individuums beschreiben. Sie enthalten die Essenz von Urgrund, Weg und Frucht der *Dzogchen*-Lehre.

Vairochana, der erste tibetische Meister des *Dzogchen* und ein bedeutender Übersetzer, war von König Trisong Detsen[58] nach Oddiyana geschickt worden, um dort *Dzogchen*-Belehrungen zu erhalten, die bis dahin in Tibet noch unbekannt waren. Padmasambhava hatte seinen tibetischen Schülern bereits *Dzogchen*-Lehren übertragen,

57 Dies bezieht sich auf die Unterteilung der *Dzogchen* Schriften in *Tantra* (tib. *gyü*), *Lung* (*skt. agama*) oder wörtlich »Zitate« und geheime Unterweisungen (*man-ngag; skt. upadesha*). Während die beiden ersten Gruppen die Lehren enthalten, die ursprünglich von Garab Dorje übertragen worden sind, enthält die dritte Unterweisungen und Erklärungen, die das Ergebnis der Erfahrungen der Meister selbst sind.

58 Nach der Überlieferung war es Padmasambhava selbst, der König Trisong Detsen vorgeschlagen hatte, Vairochana nach Oddiyana zu schicken.

aber es handelte sich dabei hauptsächlich um Lehren in Zusammenhang mit der Methode der Transformation, des *Anuyoga*.

In Oddiyana begegnete Vairochana dem Meister Shri Singha, der ihn tagsüber die *Sutras* und nachts *Dzogchen* lehrte, wegen eines entsprechenden Verbotes des Königs von Oddiyana *Dzogchen* zu lehren. Mit Hilfe von Shri Singha übersetzte Vairochana auch einige Texte, die er nach der Überlieferung mit Ziegenmilch auf weiße Baumwolle schrieb, um sie geheim zu halten. Nachdem er in seine Heimat zurückgekehrt war, begann er dem König und wenigen Auserwählten, *Dzogchen*-Lehren zu übertragen. »Die Sechs Verse des Vajra« war der erste Text, den er in Tibet einführte und deshalb nannte er ihn »Kuckuck des Gewahrseins, Zeichen für Glück und Ruhm« (*Tashipe Pal Rigpe Khujug*).[59]

Der Kuckuck ist in Tibet Symbol für Glück und Wohlstand, denn er kündigt den Frühling an. Hören die Tibeter seinen Ruf, dann wissen sie, dass sich der lange, kalte Winter seinem Ende zuneigt und die Natur von neuem zu atmen beginnt. Deshalb hat Vairochana das Erwachen des ursprünglichen Zustandes des Gewahrseins (*rigpa*) durch die Einführung der *Dzogchen*-Lehre in Tibet mit dem Ruf des Kuckucks verglichen.

Dzogchen ist im Laufe der Jahrhunderte oft Zielscheibe von Kritik und Diffamierung seitens einiger tibetischer Gelehrter gewesen. Die Tatsache, dass in zahlreichen Titeln von *Dzogchen-Tantras* Fehler in der Sanskritgrammatik vorkommen, ist für manche ein Beweis,

---

59 Unter diesem Titel gibt es ein *Tantra* des »Kuckucks« im *Nyingma Gyübum*, dem Schriftenkanon der *Nyingmapa*-Schule.

dass diese *Dzogchen*-Texte nicht echt sind. Das zeigt jedoch, dass diejenigen, die *Dzogchen* so verleumdeten, nichts von der Existenz der Sprache Oddiyanas wussten, aus der die *Tantras* von Vairochana und anderen Meistern ins Tibetische übersetzt worden sind. *Dzogchen*-Praktizierende waren allerdings nie daran interessiert, eine Sekte zu bilden, sich zu verteidigen oder zu polemisieren, denn Grundlage von *Dzogchen* ist das Wissen. Heute kann historisch die Echtheit der *Dzogchen*-Texte bewiesen werden, da einige Texte unter den Manuskripten von Dunhuang[60] entdeckt worden sind, welche die Wissenschaftler für authentische Originaltexte halten. Eines dieser Manuskripte, der »Kuckuck des Gewahrseins«, wurde dort zusammen mit einem Kommentar gefunden, der wahrscheinlich von Vairochana selbst stammt. Diese Texte überliefern uns einige der ältesten *Dzogchen*-Lehren und spiegeln den Geist und die ursprüngliche Lehrmethode der mündlichen Tradition, insbesondere der Serie der Natur des Geistes (*dzogchen semde*), wider.

Die »Sechs Verse des Vajra« sind keine leeren Worte, sondern durch das Verständnis ihrer Botschaft hat seit Garab Dorje eine ununterbrochene Folge von Meistern und Meisterinnen das Wissen des ursprünglichen Zustands verwirklicht. In seinen drei Vers-Paaren werden die Prinzipien des *Urgrunds*, des *Weges* und der *Frucht* dargestellt und gleichzeitig die *Sicht*, *Meditation* und *Verhalten* gemäß der *Dzogchen*-Lehre.

---

60 Die Dokumente von Dunhuang, das im chinesischen Turkestan liegt, wurden zu Anfang des vorigen Jahrhunderts von A. Stein und P. Pelliot entdeckt. Dank des sandigen Bodens blieben in Dunhuang, einst ein Außenposten des tibetischen Reiches, Manuskripte von unschätzbarem Wert für die tibetische Geschichte und Kultur erhalten.

Der »Urgrund« ist keine abstrakte Sache. Der Urgrund sind wir selbst, sobald wir unseren Zustand erkennen. Sie ist die wahre Art zu sehen, die ein *Dzogchen*-Praktizierender anwendet, eine Sichtweise oder Sicht, die untrennbar von tatsächlichem Wissen ist. Der »Weg« ist Mittel, diese Erkenntnis der Grundlage durch die Methoden der Meditation und Praxis zu entwickeln. Die »Frucht« ist ein Verhalten im Zustand des Gewahrseins, die vollständige Integration von Kontemplation und täglichem Tun. Durch das Verständnis der »Sechs Verse« können wir also direkten Zugang zum Kern der *Dzogchen*-Lehre erhalten.

5. Die sechs Verse des Vajra

sNa tshogs rang bzhin mi gnyis kyang
Cha shas nyid du spros dang bral
Ji bzhin ba zhes mi rtog kyang
rNam par snang mdzad kun tu bzang
Zin pas rtsol ba'i nad spangs te
Lhun gyis gnas pas bzhag pa yin

Die Natur der vielfältigen Phänomene ist nicht dual
und doch ist ein Jedes, in seinem Zustand, jenseits der Grenzen des Geistes.
Es gibt kein Konzept, das den Zustand »so wie es ist« definieren könnte,
trotzdem erscheint er vollständig in allen Formen: alles ist gut.
Da alles bereits vollkommen ist, gebe die Krankheit der Anstrengung auf
und du befindest dich im Selbst-Vollkommenen-Zustand – das ist Kontemplation.

6. Der Urgrund und die Sichtweise

> »Die Natur der vielfältigen Phänomene ist nicht dual
> und doch ist ein Jedes, in seinem Zustand, jenseits der Grenzen
> des Geistes.«

Die beiden ersten Zeilen der »Sechs Verse des Vajra« erläutern die Beschaffenheit des Urgrunds und die Sicht von *Dzogchen*. Auf der Ebene der Erscheinungen existieren unendlich viele Dinge und Phänomene, ihre wahre Natur aber ist eine einzige.

Bedenken wir einmal, wie viele unterschiedliche Menschen es gibt, wie viele verschiedene Länder mit ihren Bergen, Flüssen und Pflanzen oder wie viele Wesen es außerhalb der menschlichen Dimension geben kann und wie vieles in ihren Welten, das wir gar nicht kennen.

Alle Wesen leben aufgrund der von ihnen angehäuften Leidenschaften in unterschiedlichen karmischen Visionen. In den *Sutras* ist von 84.000 Arten der Leidenschaft die Rede, die entsprechend viele Daseinsformen hervorbringen. Ohne diese Zahl wörtlich zu nehmen, bedeutet es doch, dass die unzähligen Formen der Leidenschaften ebenso viele karmische Entsprechungen haben können.

Die Lehre unterscheidet drei Arten der Vision[61] oder Wahrnehmung: die karmische, unreine Vision der gewöhnlichen Lebewesen,

---

61 Drei Arten der Vision *(nang sum)*, Der Begriff *Nang* ist schwer mit einem Wort zu übersetzen, er geht auf das Verb »scheinen« (*nangwa*) zurück und umfasst die Bedeutung von dem Erscheinenden »Erscheinung« sowohl auch dem durch das Aufscheinen wahrnehmbaren: »Wahrnehmung«. Namkhai Norbu übersetzt es als »Vision«. Aber Vision bezieht sich nicht nur auf die visuelle Wirklichkeit sondern auch auf die durch die anderen Sinne zu erfahrenden Erscheinungen. [Anm. JW]

die Vision der Erfahrung der Praktizierenden und die reine Vision der Erleuchteten.

Karmische Vision bezeichnet die trügerische Wahrnehmung jener Wesen, die sich im Kreislauf der Wiedergeburten befinden. Sie wird trügerisch genannt, weil sie durch das Karma bedingt ist und aufgrund bestimmter Ursachen in Erscheinung tritt. Die sechs Hauptleidenschaften gelten als grundlegende Ursache der sechs Existenzbereiche. Anhaftung, Eifersucht, Stolz, geistige Trübung, Habsucht und Zorn rufen die entsprechenden karmischen Visionen von Göttern, Halbgöttern, Menschen, Tieren, hungrigen Geistern (skt. *preta*) und Höllenwesen hervor. Diese Existenzbereiche sind keine irgendwo im Universum lokalisierbaren Welten, sondern karmische Visionen, die je nach Vorherrschen der einen oder anderen Leidenschaft in Erscheinung treten.

Für uns Menschen zum Beispiel existiert die Hölle nicht, doch falls wir uns in diesem Leben besonders der Leidenschaft des Zornes hingeben, wäre es durchaus möglich, in der karmischen Vision der Hölle wiedergeboren zu werden. Dasselbe gilt für die übrigen Leidenschaften, die andere Arten von Wesen hervorbringen. Jedes dieser Wesen hat seine typische karmische Vision, die solange währt, bis das Karma, das sie verursacht hat, erschöpft ist. Als Beispiel dafür wird erzählt, dass sich die sechs Arten von Wesen einmal an einem Fluss trafen, ihn aber unterschiedlich wahrnahmen. Die Gottheit sah Nektar, der hungrige Geist glühende Lava, der Mensch klares Wasser, und so weiter. Dies macht deutlich, dass es keine objektiv wirkliche, konkrete und für alle gleiche Betrachtungsweise gibt. Würden wir einem hungrigen Geist Wasser zum Trinken anbieten, würde er sich wahrscheinlich die Kehle verbrennen.

Manifestationen, die als Folge des Praktizierens auftreten, werden als »Vision der Erfahrung« bezeichnet. Durch Meditation können sich beispielsweise sichtbare Zeichen der inneren Entspannung der fünf Elemente des Individuums manifestieren. Bei der Praxis tantrischer Methoden des Visualisierens können Erfahrungen von der Vision eines *Mandala* oder einer Gottheit auftreten. Da ein Individuum unendlich viele Leidenschaften und Funktionen seiner Energie besitzt, können diese im Verlauf des Weg dazu führen, unzählige Erfahrungen zu machen.

Sind die Ursachen der karmischen Vision vollständig gereinigt, so verschwindet die Wahrnehmung nicht, sondern sie zeigt sich in ihrem reinen Aspekt, in der Dimension der Erleuchteten. Im *Tantra* zum Beispiel ist das Ziel der Praxis die Verwandlung der fünf Leidenschaften in die fünf ursprünglichen Weisheiten. Die Leidenschaften werden also nicht beseitigt oder vernichtet, sondern so verwandelt, dass sie sich in ihrem gereinigten eigentlichen Aspekt manifestieren können. Die reine Vision der Erwachten ist den Begrenzungen von Zeit und Raum nicht unterworfen.

Diese drei Arten der Vision umfassen all die unzähligen Aspekte der Erscheinungen, deren Natur jedoch nicht-dual ist. Diese Natur ist der Urgrund, unser Wesen, das durch seine Klarheit, Reinheit und Ungetrübtheit der Eigenschaft eines Spiegels gleicht.

So wie in einem Spiegel entsprechend der jeweiligen Gegebenheiten verschiedene Spiegelungen erscheinen, so erscheint das wahre Wesen der Existenz in verschiedenen reinen oder unreinen Aspekten. Ihre Natur ist jedoch unveränderlich und daher wird sie als nichtdual bezeichnet.

Warum wird der Begriff »nicht-dual« im *Dzogchen* häufig anstelle von »Vereinigung« verwendet? Der Grund dafür ist, dass der Begriff »Vereinigung« von zwei unterschiedlichen Dingen, die zu vereinen sind, ausgeht, während die Bedeutung von »nicht-dual« das Konzept von zwei getrennten und zu verbindenden Dingen ausschließt. Dies ist eine Möglichkeit, den Urgrund zu erklären. Wie aber kann man ihn wirklich verstehen? Er ist nichts, was durch den Intellekt zu begreifen ist. Auch wenn wir meinen, die Bedeutung von »nicht-dual« erfasst zu haben, täuschen wir uns doch, denn unser Geist bleibt immer innerhalb der Dualität.

Der Geist ist von Natur aus begrenzt, er besitzt nicht die Fähigkeit, an mehrere Dinge gleichzeitig zu denken, er existiert innerhalb des Relativen. Wenn wir denken, alles sei nicht-dual, beschäftigt sich in Wirklichkeit unser Geist in diesem Augenblick mit dieser Vorstellung. »Erkenntnis des nicht-dualen Zustandes« meint aber etwas anderes. Intellektuelles Verstehen und direktes Wissen sind zwei völlig unterschiedliche Dinge.

Im *Dzogchen* dienen die Methoden der Praxis zur Unterstützung von Erfahrungen. Sie sind das wichtigste Mittel, um die Erkenntnis weiter zu entwickeln und Hindernisse, die dieser im Weg stehen, zu überwinden. Mittels der Praktiken können wir unzählige unterschiedliche Erfahrungen machen. Bleiben wir jedoch bei ihrer intellektuellen Beurteilung stehen, so führen sie nicht zur Erkenntnis, sondern sie werden sogar zu Hindernissen. Nur durch die Entdeckung, dass in allen Erfahrungen einzig das Gewahrsein zugrunde liegt, versteht man das Wesen des Dualismus.

Bei der Praxis der Kontemplation können wir unterschiedliche Erfahrungen machen, das Gewahrsein im Zustand der Kontemplation jedoch ist immer dasselbe. Das bedeutet jedoch nicht, dass die Erfahrungen als wertlos oder belanglos angesehen werden, sondern dass sie nicht mit dem Zustand der Kontemplation verwechselt werden dürfen. Im Allgemeinen wird von drei wesentlichen Arten der Erfahrung gesprochen: der Freude, der Klarheit und der Abwesenheit von Gedanken,[62] die den drei Aspekten Körper, Stimme und Geist entsprechen.

Die Erfahrung, von Gedanken frei zu sein, kann bedeuten, dass tatsächlich keine Gedanken auftauchen oder aber, dass wir in einem Zustand sind, in dem sie zwar auftauchen, aber nicht stören. Diese Erfahrung, die wir auch als Erfahrung der »Leerheit« des Geistes bezeichnen können, tritt bei geistiger Entspannung von selbst auf.

Die Erfahrung der Klarheit ist an die Energie gebunden, an den Aspekt der Stimme. Sie kann sich auf verschiedene Weise über Empfindungen oder Visionen manifestieren, beispielsweise als reine Erscheinung des *Mandalas* einer Gottheit.

Die Erfahrung der Freude oder der Wonne ist mit dem physischen Aspekt, mit dem Körper verbunden. Übt man beispielsweise über längere Zeit die Meditation des ruhigen Zustandes (tib. *shine*; skt. *shamatha*), kann ein Gefühl aufkommen, als sei der Körper nicht mehr vorhanden oder sich eine sehr angenehme Empfindung einstellen wie zum Beispiel im leeren Raum inmitten einer Wolke zu schweben.

---

62 Im Tibetischen *Dewa (bde ba)*, *Salwa (gsal ba)* und *Mitogpa (mi rtog pa)*.

Dies sind Beispiele für die vielfältigen Erfahrungen, die durch Praktizieren auftreten können. Sich im Zustand der Kontemplation zu befinden bedeutet, völlig entspannt zu sein. Sich an angenehme Erfahrungen zu klammern, sich von einer Vision oder einem gedankenfreien Zustand konditionieren zu lassen, bewirkt genau das Gegenteil. Um zu entspannen, dürfen wir uns nicht an eine Erfahrung festklammern und sie mit dem Zustand der Kontemplation verwechseln. Das kann ein großes Hindernis auf dem Wege zur Verwirklichung sein. Verweilt der Praktizierende über Tage hinweg im Zustand der Wonne oder der Leerheit, ohne die Präsenz der Kontemplation aufrechtzuerhalten, ist es, als wäre er in seiner Erfahrung eingeschlafen. Dies kann vorkommen, wenn die Erfahrungen mit dem Ziel, das es zu erreichen gilt, verwechselt werden.

Zwischen einer Empfindung der Wonne und einem Zustand der Leerheit besteht ein großer Unterschied. Die Natur beider Erfahrungen aber ist gleich. Wenn wir uns in einem Zustand der Leerheit befinden und dabei das Bewusst-Sein nicht verlieren, gibt es ein Gewahrsein, das fortdauert: dieses Gewahrsein ist dasselbe auch in einem Zustand der Wonne. Es ist einzigartig, jenseits des von unserem Geist Erfassbaren. Es ist der nicht-duale Zustand, der Urgrund aller unzähligen Erscheinungsformen. Um diese Erkenntnis wiederzuerlangen, ist die direkte Einführung durch einen Meister oder eine Meisterin unumgänglich.

Die zweite Zeile, »und doch ist ein Jedes, in seinem Zustand, jenseits der Grenzen des Geistes.«, besagt, dass, auch wenn die Natur der Existenz nicht-dual ist, sich doch alle Dinge in ihrer Unterschiedlichkeit als Energie des ursprünglichen Zustandes manifestieren. Der wahre Zustand aller einzelnen Phänomene, die als Objekt erscheinen, ist jenseits aller Definitionen und Vorstellungen. Im Falle der für die *Tsal*-Energie typischen Erscheinungsform haben wir unseren ursprünglichen Zustand mit einer Kristallkugel verglichen, da ein Kristall durchsichtig und seine Natur klar, rein und durchlässig ist. Wenn als sekundäre Ursache Sonnenstrahlen auf ihn treffen, breiten sich durch den Kristall unzählige Strahlen in den Farben des Regenbogens aus. So sind auch die reine Vision eines Erwachten, die sich in Form von *Mandalas* und Gottheiten manifestiert, und die unreine Vision eines gewöhnlichen Wesens, begrenzt von Dualität und Karma, wie die Strahlen, die von einem Kristall ausgehen. Die unzähligen Formen und Farben, die vom Kristall ausgehen, sind wie die unendlich vielen verschiedenen Erscheinungsformen unseres ursprünglichen Zustandes.

Im *Dzogchen* heißt es: »Das Objekt als solches ist von Anfang an rein«. Jedes beliebige Objekt hat eine äußere Erscheinung, aber seine Natur ist leer und grundsätzlich rein. Wenn wir als »gemeinsame karmische Vision« beispielsweise einen gelben Vorhang sehen, so wird ihn weder ein Tier noch ein anderes Wesen ähnlich sehen, da sie nicht die karmische Ursache eines Menschen besitzen. Es gibt keine allgemeingültige, feststehende und unwandelbare Wahrnehmung oder Vision der Dinge. Nichts, was als Dimension der Objekte in Erscheinung tritt, ist tatsächlich etwas konkretes, sondern es ist Teil unseres eigenen ursprünglichen Zustandes, der sich uns zeigt. Die wahre Natur des Objekts lässt sich nicht definieren, deshalb heißt es in den Sechs Versen des Vajra: »Jenseits der Grenzen des Geistes.«

Wenn wir uns in diesem nicht-dualen Zustand befinden, inmitten der Manifestationen unzähliger unterschiedlicher Phänomene, so beginnen wir wirklich zu »entspannen«. Solange wir diesen Zustand noch nicht entdeckt haben, bleibt jede Entspannung von Körper, Stimme und Geist vorübergehend. Wir können unseren Körper entspannen, indem wir uns hinlegen und unsere Energie, indem wir Atemübungen machen. Doch all das führt nur zu einer begrenzten Entspannung, denn um tatsächlich Wirkung zu zeigen, müssen diese Übungen täglich wiederholt werden. Sind wir aber sehr nervös, gelingt es uns manchmal überhaupt nicht, uns zu entspannen, auch wenn wir es versuchen, da wir sehr von den jeweiligen Umständen abhängig sind.

Wir möchten alle ein ruhiges und entspanntes Leben führen. Auch wer keiner religiösen Richtung angehört und möglicherweise behauptet, an nichts zu glauben, wird sich ein ruhiges Leben wünschen. Deshalb ist die Lehre nicht nur für jene Menschen interessant, die sich »spirituell« fühlen, sondern sie ist wirklich für jeden von Nutzen, der entspannter leben und seine täglichen Probleme leichter lösen will.

Normalerweise haben wir viele verschiedene Probleme und Konflikte. Das ist *Samsara*. Buddha hat gesagt, der charakteristische Aspekt von *Samsara* sei Leiden. Betrachten wir unsere Lebensumstände einen Tag, eine Woche, einen Monat lang, so werden wir feststellen, dass es nie an Leid fehlt. Können wir uns zudem nicht einmal entspannen, dann ist alles noch schlimmer, da wir die Situation durch unsere Aufregung nur noch verschlechtern. Wenn wir uns aufregen, werden auch die einfachsten Dinge schwierig. Es ist wirklich wichtig zu lernen, sich zu entspannen. Aber es ist nicht nötig, es mit Absicht zu tun. Im Zustand jenseits aller Spannungen entspannt sich alles von selbst. In Wirklichkeit gibt es im wahren

Zustand der Kontemplation nichts zu entspannen, da die Natur selbst entspannt ist.

Dzogchen kann als eine Art vollkommene Entspannung definiert werden. Diese Bedeutung umfasst auch andere Teile der Ausdrücke, die verwendet werden, um den Zustand der Kontemplation zu umschreiben, wie z.B. »belassen, wie es ist« (*choshag*), »die Anspannung sich lösen lassen« (*tregchö*), oder »jenseits von Anstrengung« (*tsöl drel*). Einige Gelehrte haben *Dzogchen* als »direkten Weg« eingestuft und es mit Lehren wie dem Zen, in dem dieser Begriff oft benutzt wird, verglichen.

In den *Dzogchen*-Texten wird jedoch der Begriff »direkter Weg« oder »nicht stufenweise« (*chig char*) nicht verwendet, da die Vorstellung eines »direkten Weges« notwendigerweise einen Ausgangs- und einen Endpunkt beinhaltet. Im *Dzogchen* ist das Wissen die einzige Grundlage. Wenn wir darüber verfügen, stellen wir fest, dass wir schon immer da sind, wo wir ankommen wollen. Deswegen wird der Begriff »in sich vollkommen« (*lhundrub*) verwendet.

Im *Mahayana* spricht man von zehn *Bhumis* oder Ebenen der spirituellen Verwirklichung eines *Bodhisattva*, die stufenweise zur vollkommenen Erleuchtung führen. Diese Kategorien basieren auf einer fortschreitenden Reinigung der subtilen Hindernisse der Erkenntnis.

Im nicht-dualen Zustand gibt es jedoch keine Ebenen oder Stufen der Verwirklichung. Es gibt nur eine einzige *Bhumi*, das Wissen. Wissen entsteht und reift durch Entspannung. Sich entspannen bedeutet jedoch nicht, nichts zu tun. Manchmal wird das Prinzip »ohne zu verändern« falsch verstanden und man überlässt sich der

Zerstreuung. *Dzogchen* zu praktizieren heißt, sich zu entspannen lernen und dabei die Kontemplation in allen Situationen beizubehalten. Im Zustand völliger Ganzheit sind wir entspannt und der unzähligen Erscheinungen der Energie gegenwärtig. Um zu praktizieren ist es nicht nötig, die Anschauungen einer religiösen Tradition oder einer philosophischen Richtung zu studieren. *Dzogchen* kann auch ohne die Anwendung vieler Begriffe oder komplizierter Ausdrücke verstanden werden. Wir gebrauchen beispielsweise den Begriff »*Dzogchen*«, da er die Natur der völligen (*chen*) Ganzheit (*dzog*) des Zustandes des Individuums bezeichnet. Würden wir dagegen einen anderen Begriff verwenden, so wäre das kein Unterschied. Grundlegend ist die Übertragung des Wissens, die das Individuum öffnen und erwecken kann, nicht die Begriffsbestimmung einer geistigen Tradition.

Manche denken, ein Meister sei nicht notwendig und um zu praktizieren genüge es, sich an die Anleitungen zu halten, die in Büchern beschrieben sind. Abgesehen davon, dass ein Buch nicht die lebendige Übertragung der Lehre besitzt, kann es Beispiele und Erklärungen enthalten, die nicht für jeden geeignet sind.

Ein Meister arbeitet mit seinen Schülern zusammen, er hilft ihnen, den Zustand der Kontemplation durch die Erfahrung des Körpers, der Stimme und des Geistes zu finden und lehrt viele verschiedene Methoden, das Wissen weiter zu entwickeln. Da er die spezielle Eigenart des Schülers oder der Schülerin kennt, kann der Meister ihm zu den für ihn am besten geeigneten Methoden raten.

Diese beiden ersten Zeilen der »Sechs Verse des Vajra« beschreiben auch »die Art zu sehen« oder Sichtweise gemäß der *Dzogchen*-

Lehre: Die nicht-duale Natur aller Dinge bezieht sich nicht auf etwas Äußeres, sondern auf uns selbst, auf unser eigenes Wesen. Doch wie können wir diesen nicht-dualen Zustand erfassen, solange unserer Blick nach außen, von uns weg gerichtet ist? Alles, was hinter dem Gitter der Dualität erscheint, ist Ergebnis der Trennung von Subjekt und Objekt, die wir selbst mit unserem Geist geschaffen haben. Hier entspringen Beurteilung, Anhaftung und Karma. »Nicht-dual« bedeutet einfach, sich bewusst zu sein, dass die Grundlage unserer Sichtweise, unserer Vision die potentiellen Möglichkeiten unseres ursprünglichen Zustandes sind.

In den verschiedenen Traditionen des tibetischen Buddhismus wird unter der Sichtweise die philosophische Theorie verstanden, welche die Grundlage einer Schule bildet. Alle tibetischen Schulen erkennen die Philosophie Nagarjunas, die der Höhepunkt der buddhistischen *Mahayana*-Philosophie ist, als die höchste Sichtweise an. Diese Sichtweise, auch »mittlerer Weg« genannt, bestätigt die Unmöglichkeit, irgendetwas in Hinsicht auf die absolute Realität, das unaussprechliche Wesen der Leerheit, zu definieren. Auf diese Weise hat Nagarjuna mit scharfer Logik den extremistischen Ansichten aller philosophischen Schulen seiner Zeit eine Niederlage zugefügt.

Im Laufe der darauf folgenden Jahrhunderte sind jedoch zwischen den tibetischen Schulen Meinungsverschiedenheiten bezüglich der Interpretation der Philosophie Nagarjunas aufgekommen, die zu theoretischen Kontroversen und endlosen Disputen geführt haben. Jede Schule hat versucht, ihre eigene Sichtweise durch Logik und Spekulation zu verteidigen und zu vertreten. Diese Haltung hat jedoch nichts mit der »nicht-dualen« Sichtweise, die jenseits von Überlegung und Diskussion ist, zu tun.

Die buddhistische Philosophie gründet auf der Vorstellung der »zwei Wahrheiten«, der relativen und der absoluten. Die absolute Wahrheit entspricht dem absoluten, leeren, nicht-dualen Zustand, die relative allem, was auf der Ebene der relativen Existenz erscheint. In der Praxis entspricht die Phase, in der man mit geradem Rücken in Meditation verweilt, dem absoluten Zustand. Wenn die Meditationssitzung beendet ist und man wieder zum normalen Tagesablauf zurückkehrt, findet man sich im relativen Zustand, so als hätten wir zwei Beine, eins der absoluten und eins der relativen Wahrheit, um auf dem Weg zur Verwirklichung vorwärts zu gehen. Verwirklichung wird als die Vereinigung dieser beiden Wahrheiten definiert. Im *Dzogchen* gibt es diese Sichtweise der »zwei Wahrheiten« von Anfang an nicht. Der nicht-duale Zustand wird als Grundlage sowohl für die Sichtweise als auch für die Praxis eingeführt.

Die »Art zu Sehen« oder Sichtweise darf gemäß der *Dzogchen*-Lehre nicht so verstanden werden, als schauten wir durch eine Brille nach außen. Auch wenn wir tausende von Farben und Formen klar erkennen würden, wäre die Blickrichtung falsch. Um dies deutlich zu machen, verwenden wir das Beispiel des Spiegels. Schauen wir in einen Spiegel, so sehen wir unser Gesicht und müssen es akzeptieren, ob es uns gefällt oder nicht. Nur auf diese Weise können wir entdecken, was dahinter steckt, und beginnen etwas zu begreifen.

Die Sichtweise bezieht sich auf das Verstehen des Urgrunds. Doch ist es leicht möglich, dass das nur ein intellektuelles Wissen bleibt. Das kann ein sehr subtiles und schwer zu beseitigendes Hindernis darstellen, da wir uns dessen oft nicht bewusst sind. Im Allgemeinen gibt es für einen Praktizierenden zwei Arten von Hindernissen, jenes der Leidenschaften und jenes des Wissens. Hindernisse der Leidenschaften und des negativen Karmas sind relativ leicht aufzudecken. Hindernisse des Wissens aber sind so subtil, dass selbst ein weit fortgeschrittener Praktizierender davon blockiert werden kann. Auch wenn Leidenschaften und Anhaftung überwunden sind und er eine gewisse Stabilität in der Meditation erreicht hat, versperrt er sich unwillkürlich den Weg zur Realisierung, solange er sich an die Idee oder den Begriff von »Wissen« klammert. Deshalb ist im *Dzogchen* die Art und Weise, wie der Urgrund zu verstehen ist, ein höchst wichtiger Punkt.

Es gibt Menschen, die einem Meister folgen und blind alles glauben, was er sagt, ohne es in der Praxis zu überprüfen. Andere wiederum denken, sie müssten über alles diskutieren und räsonieren. Aber in Wirklichkeit lösen wir weder durch Diskutieren etwas noch dadurch, dass wir alles, was der Meister sagt, widerspruchslos übernehmen, als ob er ein Befehlshaber wäre. Wir brauchen nur das, was uns der Meister mitteilt, erproben und können so das Wissen in uns selbst finden. Wenn der Meister etwas erklärt, will er damit nicht seine Meinung untermauern, sondern seinen Schülern die Mittel zur Verfügung stellen, die es ihnen ermöglichen, ihre eigene Natur zu verstehen.

Ein Meister lehrt, erklärt und hilft, aber er kann nicht durch ein Wunder andere Menschen erleuchten, indem er ihren Zustand verwandelt. Manch einer ist überzeugt, dass es außergewöhnliche Meister gibt, die in der Lage sind, Erleuchtung zu »schenken«. Das aber kann kein Meister. Doch es liegt in seiner Macht, etwas zu erklären und verständlich zu machen und so das Wissen auf vielfältige Weise zu übertragen. Wenn sich der Schüler jedoch der Praxis widmet und dadurch in das Wissen gelangt, kann man sagen, dass der Meister ein Wunder vollbracht hat. Auch Buddha sagte: »Ich gebe den Weg, aber die Verwirklichung hängt von euch ab.«

Manchmal ist es jedoch nicht möglich, die Lehre zu übermitteln, weil es den Menschen an Verständnis und Beteiligung mangelt. Vor einigen Jahren war ich in Nepal im Gebiet der Sherpas. Viele Sherpas kamen, um mir einen Besuch abzustatten, da sie gehört hatten, dass ich eine Reinkarnation sei.[63] Sie kamen in mein Zimmer, brachten mir Reis, Geld und den traditionellen Glückwunsch-Schal, baten um einen Segen und gingen wieder fort. Keiner von ihnen hat mich um eine Unterweisung gebeten. Das ist das typische passive Verhalten gegenüber der Lehre.

Buddha hat gesagt, dass die Verwirklichung von jedem selbst abhängt. Er war vollkommen erwacht, allwissend und mitfühlend. Das Leid der Lebewesen war ihm nicht gleichgültig. Weshalb hätte er nicht das Wunder vollbringen sollen, alle Wesen, die sich im leidvollen Kreislauf der Wiedergeburten befinden, zu erleuchten? Wenn selbst Buddha diese Fähigkeit nicht besaß, kann sie auch kein anderer besitzen. Deshalb müssen wir versuchen, der Lehre gegenüber aktiv zu sein und sie im Leben praktisch anwenden.

---

63 Chögyal Namkhai Norbu ist als Inkarnation von Ngawang Namgyal (*Ngag dbang mam rgyal*; 1594–1651), dem Gründer und ehemaligen Herrscher (tib. *chögyal*; skt. *dharmaraja*) des Staates Bhutan und von Adzom Drugpa (1842–1924), einem großen *Dzogchen*-Meister, der unter anderem ein Meister von Changchub Dorje war, anerkannt worden.

Um einen Zustand der Kontemplation zu erreichen, der so gefestigt ist, dass wir ihn in die alltäglichen Tätigkeiten integrieren können, bedarf es zahlreicher Erfahrungen, die durch Praktizieren gewonnen werden können. Es ist jedoch unnötig, sich wegen der mannigfaltigen Methoden zu beunruhigen und sich von ihnen abhängig zu machen. Wir nehmen uns beispielsweise vor, nachdem wir eine Ermächtigung oder bestimmte Belehrung erhalten haben, diese Praxis täglich auszuführen. In den ersten Tagen wird dies wahrscheinlich nicht zu Schwierigkeiten führen. Aber dann werden langsam Konflikte auftauchen, weil wir uns dazu gezwungen haben, völlig von dem Gedanken beherrscht, dass wir uns unbedingt zum Praktizieren hinsetzen müssen, selbst wenn es die Umstände nicht erlauben. Im *Dzogchen* wird diese Einstellung als wenig förderlich für den Fortschritt der Praxis gesehen, denn wenn wir von den Formen der Lehre abhängig sind, erfassen wir das Wesentliche des Zustandes der Entspannung nicht.

In meinem Schrank hängen zum Beispiel verschiedene Kleidungsstücke, aber das bedeutet nicht, dass ich sie unbedingt anziehen muss. Ich wähle jedes Mal das, was zum Anlass am besten passt. So gibt es auch in der Lehre tausende von Methoden, aber wenn wir die Grundlage der Kontemplation verstehen, ist es nebensächlich, welche wir anwenden.

Die *Dzogchen*-Lehre beruht auf vier Punkten. Erstens: »Sie beruht auf der wirklichen Bedeutung und nicht auf der konventionellen Bedeutung.« »Konventioneller Bedeutung« meint hier, Wissen zu vermitteln, indem auf Gewohnheiten und Mentalität der Menschen, die sie aufnehmen sollen, eingegangen wird. Buddha hat damalige Begriffe und Ansichten der indischen Kultur verwendet, auch wenn er sich des illusorischen Charakters aller Vorstellungen bewusst war. Seine Reden hatten immer den einen Zweck, das Wissen um den Zustand jenseits aller Vorstellungen, die »wahre Bedeutung«, zu vermitteln. Von *Dzogchen* wird gesagt, dass es auf der wirklichen Bedeutung gründet, da es von Anfang an lehrt, den natürlichen Zustand zu finden, ohne irgendetwas zu berichtigen und zu beeinflussen.

Der zweite Punkt ist: »Sie beruht auf dem Individuum, nicht auf der Lehre.« Auf dem Weg der Entsagung übergibt sich der Mensch der Lehre. Da er die Fähigkeit, Verantwortung zu übernehmen, nicht besitzt, beschließt er, Regeln einzuhalten und ist bereit, Handlungen, welche die Ordensregel verbietet, nicht zu begehen. *Dzogchen* beruht auf dem Individuum, denn das Wichtigste ist, die eigenen Fähigkeiten zu erkennen und die Methoden anzuwenden, die ihnen am ehesten entsprechen.

Der dritte Punkt besagt: »Sie beruht auf der ursprünglichen Weisheit und nicht auf dem Geist.« Der Geist ist die Basis von Dualität und Konflikten. Die ursprüngliche Weisheit ist die Natur des Zustandes vollkommener Bewusstheit, ein Wissen, das als Folge der Übertragung des Meisters entsteht und sich durch Übung in der Kontemplation entwickelt.

Der letzte Punkt ist: »Sie beruht auf der Bedeutung, nicht auf den Worten.« Dies heißt, dass wir den tiefen Sinn dessen, was der Meister vermittelt, begreifen sollten und uns nicht an der buchstäblichen Bedeutung der Worte festhalten sollten. So kann ein Begriff wie z. B. *Bodhichitta* ganz unterschiedliche Bedeutung haben, je nachdem, ob er im Zusammenhang mit *Sutra, Tantra* oder *Dzogchen* gebraucht wird.

Von einem Grund, einer Basis auszugehen, ist kein ausschließliches Merkmal des *Dzogchen,* sondern existiert in allen buddhistischen Traditionen. Im *Sutra* bildet die Erkenntnis der beiden Wahrheiten, der relativen und der absoluten, die den Begriffen von »Geist« und »Natur des Geistes« entsprechen, den Grund. Der Weg besteht im Ansammeln von Verdienst und Weisheit. Das Ansammeln von Verdienst ist mit der relativen Existenz des Individuums verbunden: Durch den Einsatz der drei Ebenen werden mit dem Körper tugendhafte Handlungen vollbracht, mit der Stimme Reinigungs-*Mantras* rezitiert und im Geist Gedanken des Mitgefühls entwickelt. Die tugendhaften Handlungen haben die Kraft, Hindernisse abzubauen und schaffen damit die notwendigen Voraussetzungen für den Weg der Anhäufung von Weisheit.

Das Ansammeln von Weisheit schließt die Kenntnis der absoluten Existenz, des kontemplativen Zustandes, mit ein. Dies wird auch im *Sutra* als Hauptweg angesehen. Buddha hat gesagt: »Ein Mensch, der so lange in Kontemplation verweilt, wie eine Ameise braucht, um von der Nasenspitze bis zur Stirn zu gelangen, sammelt mehr Weisheit an als einer, der sein ganzes Leben dem *Dharma* gewidmet und den Buddhas und Gottheiten Opfergaben dargebracht hat.« Und doch wird es im *Sutra* für schwierig erachtet, den Weg der Weisheit direkt zu verstehen und ihn anzuwenden, es wird daher für notwendig gehalten, sich zu reinigen und Verdienst anzusammeln.

Es wird erzählt, dass Buddha, als er seinen Schülern zum ersten Mal den Zustand des Wissens zu vermitteln versuchte und niemand ihn verstand, gesagt hat: »Ich habe einen tiefgründigen und klaren Weg gefunden, jenseits von Vorstellung und Erklärung. Doch wenn ich versuche, ihn mitzuteilen, versteht ihn niemand. Ich werde mich in den Wald zurückziehen, um in der Einsamkeit zu meditieren.« Das zeigt, wie schwierig es ist, den Weg der Weisheit zu vermitteln. In einem *Dzogchen*-Text in Versform[64] heißt es über das Wesen des Urgrundes: »Um diesen Zustand zu erklären, reicht selbst die Sprache Buddhas nicht aus.«

7. Der Weg und die Praxis

> »Es gibt kein Konzept, das den Zustand »so wie es ist« definieren könnte,
> trotzdem erscheint er vollständig in allen Formen: alles ist immer gut.«

Die *Dzogchen*-Lehre sagt: »Jenseits von Anstrengung«, oder auch »nichts erzeugen, nichts verändern, nichts wechseln, sondern sich im wahren Zustand so wie es ist, befinden«. Ein Begriff, dazu benützt, um einen Zustand jenseits der Vorstellungen zu beschreiben, kann jedoch selbst zur Vorstellung werden. Geradeso als ob wir jemanden fragten: »Wie heißt du?« und er zur Antwort gibt: »Ich habe keinen Namen«, aber wir würden ihn nun aus einem Missverständnis heraus »Ich habe keinen Namen« nennen.

---

64 Es handelt sich, um »Die Anrufung des Urgrundes, des Pfades und der Frucht« (*Shilam Drebü Mönlam*), das im *Longchen Nyingthig* enthalten ist, einem berühmten *Terma*, das von Jigme Lingpa (1729–1798) enthüllt wurde. Siehe: »Die Anrufung des Urgrundes, des Pfades und der Frucht« in: Vier *Dzogchen* Anrufungen, Oddiyana Shang Shung Edition, 2003.

Diese beiden Zeilen erklären den Sinn des Weges und der Praxis. »So wie es ist« (*ji shinwa*) ist ein Ausdruck, der in den alten *Dzogchen*-Schriften häufig gebraucht wird. Er ist ein Synonym für »nicht korrigiert« (*ma-chöpa*) und andere Begriffe, die den wahren natürlichen Zustand bezeichnen, der nicht korrigiert, beeinflusst oder verändert ist. Korrigieren und Verändern sind typische Reaktionen des dualistischen Geistes. Sich im nicht korrigierten Zustand zu befinden bedeutet, über den Geist hinauszugehen. Das ist nicht nur, wie auch in anderen Traditionen, Ziel der Praxis, vielmehr sollte von Anfang an versucht werden, zur Kenntnis des Zustandes »so wie es ist« zu gelangen.

Im *Tantra* entspricht die Einführung in die ursprüngliche Natur des Geistes der Endphase der Praxis nach den Phasen der Entwicklung und Vervollkommnung. Im *Dzogchen* wird direkt in diesen Zustand eingeführt, der nicht nur den Geist betrifft, sondern auch den Körper und die Stimme. Alle Aspekte unserer Existenz müssen sich in einem »nicht korrigierten« Zustand befinden, um in die Kontemplation integriert werden zu können.

Im Großen Raum des Vajrasattva (*Dorje Sempa Namkha Che*),[65] einem der Haupttexte der »Serie von der Natur des Geistes«, steht geschrieben: »Die Körperhaltung zu verändern, um einen Zustand der Kontemplation zu finden, entspricht nicht *Dzogchen*. Den Körper kontrollieren und den Rücken gerade halten, ist nicht Kontemplation, sondern kann zu einem Hindernis für die Kontemplation werden.« Aufgrund solcher Aussagen machen einige *Dzogchen* den

---

65 Der Große Raum des Vajrasattva (*Dorje Sempa Namkha Che*) ist ein Text, der zur Kategorie der »*Lung*« des *Semde* gehört. Es wird überliefert, dass Garab Dorje ihn zum ersten Mal als Kind übermittelt hat, indem er ihn spontan rezitierte.

Vorwurf, die Meditation im Sitzen, die Kontrolle der Haltung und der Atmung und so weiter abzulehnen. *Dzogchen* jedoch lehnt nichts ab. Wenn von Nicht-Kontrolle des Körpers gesprochen wird, ist damit einfach der echte, unveränderte Zustand gemeint, in dem nichts zu verändern oder zu verbessern ist. Alle Veränderungen entspringen aus dem Geist und sind demzufolge unecht und künstlich.

In der »Serie der geheimen Unterweisungen« werden vier Weisen erklärt, um in Kontemplation fortzufahren: die »vier Gelassenheiten« oder »die vier Weisen es ohne Korrektur zu belassen«.[66] Das erste, »der Berg«, bezieht sich auf die Haltung des Körpers. Was heißt das? Berge können unterschiedlich hoch sein und die verschiedensten Formen haben, aber sie sind immer fest und verändern ihre Lage nie. Genauso nimmt der Körper im Laufe des Tages den Umständen entsprechend verschiedene Stellungen ein. Jede dieser Körperstellungen eignet sich für die Kontemplation und braucht daher nicht verändert zu werden. Liege ich in dem Moment, in dem ich mich im Zustand des »So-Seins« befinde, ausgestreckt da, so ist das meine natürliche Haltung – so wie die eines Berges. Es ist nicht nötig, mich sofort mit geradem Rücken und gekreuzten Beinen aufzusetzen. Das gleiche gilt, wenn ich mich beim Kaffeetrinken in Kontemplation befinde: Es ist unnötig, in mein Zimmer zu laufen, die Tür zu schließen und mich in Meditationshaltung zu setzen. Alle Situationen sind nützlich, um zu lernen, die Kontemplation in den Alltag zu integrieren.

---

66 Die *Choshag Nampa Shi*, »die vier Belassen-Wie-Es-Ist«, sind: der Berg *Riwo Choshag*, der mit dem Aspekt des Körpers verbunden ist; der Ozean *Gyatso Choshag*, der mit den Augen verbunden ist; der Zustand der unmittelbaren Präsenz oder Gewahrseins *Rigpe Choshag* und die Vision *Nangwa Choshag*, die auf der Integration aller Sinneswahrnehmungen beruht.

Um die Praxis mit dem Leben zu verbinden, genügt es nicht, jeden Tag ein paar Meditationssitzungen zu machen. Jeder Tag hat vierundzwanzig Stunden. Welche Ergebnisse können wir erzielen, wenn wir nur ein oder zwei Stunden praktizieren? »Integration« bedeutet das Leben, den Zustand »so wie es ist«, zu verstehen und es nicht zu korrigieren, dann wird jede Lebenssituation zur Praxis.

Man könnte sich die Frage stellen: »Im *Dzogchen* wird gelehrt, nichts zu korrigieren. Ist es also unnötig, Atem- und Visualisierungsübungen und dergleichen zu machen, da diese ja auf Korrektur beruhen?« Im *Dzogchen* heißt »ohne zu korrigieren« jedoch nicht, Praxismethoden abzuwerten oder zu verneinen. Der Praktizierende sollte offen, entspannt und in der Lage sein, die Methoden anzuwenden, ohne sich von ihnen konditionieren zu lassen. Manchmal kann es vorkommen, dass Einzelheiten der Haltung des Körpers und der Hände, der Farben und der Form der zu visualisierenden Gottheit große Bedeutung beigemessen und darüber der eigentliche Sinn dessen, was man tut, vernachlässigt wird. Körperhaltung, Atmung und Visualisierung, die mit den drei Aspekten unserer Existenz verbunden sind, stellen nur ein Mittel dar, um in den entspannten Zustand der Kontemplation einzutreten. Es gibt tausende von Methoden. Viele davon sind einander ähnlich; Wenn wir daher der äußeren Form und nicht der wirklichen Bedeutung folgen, werden wir sicher auf Zweifel und Widersprüche stoßen. Alle Probleme und Konflikte entspringen dem Geist, der wie ein beschränkter Mensch ist, der von fünf noch beschränkteren Freunden, den fünf Sinnen, unterstützt wird. Wenn wir jedoch den Zustand der Kontemplation jenseits von Anstrengung und Beurteilung kennen, werden wir auch die Probleme, die mit den Methoden der Praxis zusammenhängen, überwinden.

Im *Tantra* ist die Transformation über die Visualisierung der reinen Dimension das Mittel, um in den »nicht korrigierten« Zustand zu gelangen. Nehmen wir als Beispiel das *Hevajra-Tantra*. *Hevajra* ist der Name einer reinen Erscheinung eines erleuchteten Wesens, so wie sie ein Meister empfangen hat. Nachdem man die Übertragung des *Hevajra-Tantra* erhalten hat, übt man täglich die Vision der Verwandlung und benützt das *Mantra,* um die Vision mit unserer Energie zu verbinden. Ab einem bestimmten Punkt ist die Vision der Verwandlung nicht mehr von der Visualisierung abhängig, sondern wird ein Ausdruck unserer Klarheit. Alles wird wieder darin integriert – in der Kontemplation der *Mahamudra*. Wenn wir diesen Zustand erreichen, ist die Transformation nicht mehr das Wesentliche. Das wird deutlich, wenn wir die Verse der *Mahasiddha* und ihre Biographien lesen.

Einer der berühmtesten Praktizierenden des *Hevajra-Tantra* war der *Mahasiddha* Virupa. Ursprünglich war er ein großer Gelehrter, ein *Pandita,* der dann begann, *Tantra* zu praktizieren. Jahrelang übte er die Methode der Transformation des *Hevajra* und rezitierte vor allem das *Mantra* von *Dagmema* (skt. *Nairatmya*), der Gefährtin *Hevajras*. Es wird berichtet, dass er eines Tages, während er sich in einem Zustand der Kontemplation vollkommener Klarheit befand, plötzlich aufsprang und seine *Mala,*[67] die er gewöhnlich beim Rezitieren des *Mantras* zwischen den Händen hielt, in die Latrine warf. Als er in sein Zimmer zurückkehrte, warf er das *Mandala* der Opfer, das er für die Praxis vorbereitet hatte, zu Boden und ging fort, ohne je wieder zurückzukehren. Virupa war erwacht, doch alle dachten, er sei verrückt geworden.

---

67 Die buddhistische Entsprechung des Rosenkranzes mit 108 Perlen.

Manchmal zeigen Erleuchtete Verhaltensweisen, die denen eines Verrückten gleichen, da sie außerhalb der konventionellen Grenzen der Normalität liegen. In Wirklichkeit sind wir die Verrückten: »Ver-rückt« von den fünf Leidenschaften und aller Anhaftung. Da wir uns dessen nicht bewusst sind, halten wir diejenigen für verrückt, die sich nicht dem üblichen Verhalten anpassen. Deshalb sind viele Meister wie z.B. Drugpa Kunleg, die im Leben ein Verhalten jenseits aller Grenzen an den Tag legten, »verrückte Yogi« genannt worden.

Wir haben gesehen, dass auch im *Tantra* in der letzten Phase der Übung die in der Vorstellung erzeugte Verwandlung aufgelöst wird und ein Zustand der vollständigen Verbindung mit der reinen Manifestation jenseits aller Vorstellungen erreicht wird. Doch um dieses Niveau zu erlangen, bedarf es vieler Jahre des Praktizierens in vollständiger Zurückgezogenheit.

Dzogchen, »der Weg der Selbstbefreiung«, beruht auf Grundlage des Wissens: Doch nicht in dem Sinne, dass wir uns ein für allemal entscheiden, etwas zu wissen und nichts mehr daran zu verändern, sondern dass wir den ursprünglichen Zustand des Gewahrseins konkret entdecken.

Die Praxis im *Dzogchen* kann z.B. damit beginnen, ein Objekt zu fixieren, um erst einmal die Gedanken zu beruhigen. Danach wird die Fixation gelockert, die Abhängigkeit von einem Objekt wird aufgegeben und der offene Raum wird fixiert. Wenn ein stabiler Zustand der Ruhe erreicht ist, dann wird es wichtig, mit der Bewegung der Gedanken und der Energie zu arbeiten und sie in die bewusste Kontemplation zu integrieren. Von diesem Punkt an kann die Kontemplation im täglichen Leben angewandt werden. Dieses System ist charakteristisch für die »Serie der Natur des Geistes«, aber es ist nicht gesagt, dass unbedingt mit der Fixation und der Meditation des ruhigen Zustandes (skt. *shamatha*) begonnen werden muss. In der »Serie des uranfänglichen Raumes« (*longde*) und in jener der »geheimen Unterweisungen« wird zum Beispiel direkt in den Zustand der Kontemplation eingeführt. Insbesondere die erste enthält sehr genaue Anweisungen, wie ein reiner Zustand der Kontemplation gefunden werden kann. Die zweite erklärt hauptsächlich die Art und Weise, wie die Kontemplation unter allen Lebensumständen beibehalten werden kann.

Die Praxis der Kontemplation ist in der Verszeile »trotzdem erscheint es vollständig in allen Formen: alles ist immer gut«[68] zusammengefasst. Auch wenn der Zustand »so wie es ist« mit dem Verstand nicht erfasst werden kann, so sind doch alle Erscheinungsebenen des ursprünglichen Zustandes – einschließlich unserer karmischen Vision davon – vorhanden. All die verschiedenen Aspekte der Farben, der Formen und so weiter erscheinen unaufhörlich. Wenn wir uns in Kontemplation befinden, so bedeutet das nicht, dass die unreine Vision verschwindet und die reine Vision erscheint. Dass wir einen materiellen Körper haben, hat eine karmische Ursache und deshalb hätte es keinen Sinn, unsere Situation verlassen oder verleugnen zu wollen. Wir müssen uns dessen nur bewusst sein. Wir sollten verstehen, dass die konkrete materielle Vision, die so viele Probleme mit sich bringt, nichts anderes ist als der grobe Aspekt der Dimension der Farben, der Essenz der Elemente. So ist

68 Diese Verszeile setzt sich in tibetischer Sprache aus den Namen Vairochanas (*Nampar Nangdze*), einem der fünf Buddhas des *Sambhogakaya* und *Samantabhadras* (*Kuntu Sangpo*), der den *Dharmakaya* darstellt, zusammen.

beispielsweise Wasser die materielle Erscheinungsform der Farbe weiß, der Essenz des Elementes Wasser und durch Karma und Unwissenheit so geworden. Entdecken wir jedoch dieses Prinzip, so können wir den Prozess umkehren, d.h. das Wasser in den feinstofflichen Zustand der leuchtenden Essenz zurückführen. Über die Kontemplation, die dazu das wesentliche Mittel ist, können wir unsere eigene Energie wieder mit der Energie der Materie vereinen.

»Alles ist immer gut«, die Übersetzung des Namens *Samantabhadra*, des Ur-Buddhas der *Dharmakaya*-Dimension, besagt, dass die Sichtweise nicht verändert oder aufgelöst zu werden braucht. So wie sie ist, ist sie vollkommen. Im nicht-dualen Zustand können selbst tausende von Erscheinungen die Kontemplation nicht stören. »Gut« hat hier nichts mit einer Vorstellung von »positiv« im Gegensatz zu »negativ« zu tun. »Gut« bezieht sich auf den Zustand, in dem weder Negatives aufzugeben noch Positives anzunehmen ist. Alle Erscheinungen sind jenseits von gut oder schlecht und Ornament des ursprünglichen Zustandes.

Im *Dzogchen* ist es nicht nötig, die unreine Sichtweise, bzw. Vision mittels der Vorstellungskraft in eine reine zu verwandeln. Alles, was wir sehen, ist Ausdruck unserer natürlichen Klarheit. Wenn wir ein Steinhaus sehen und versuchen uns vorzustellen, es wäre in eine Lichtdimension verwandelt, so spielen wir nur mit unserem Geist. Das Haus, so wie es erscheint, auch wenn es eine karmische Vision darstellt, ist Ausdruck unserer Klarheit. Weshalb sollten wir sie blockieren oder verwandeln? Probleme entstehen erst dann, wenn wir anfangen, das Haus zu beurteilen, ob es schön oder hässlich, groß oder klein ist. Über das Denken kommen wir sehr schnell zum Handeln und zum Erzeugen von Karma.

Machig Labdrön hat in ihren Belehrungen über die *Chöd*-Praxis erklärt, dass es vier Dämonen oder Hindernisse gibt, welche die Verwirklichung stören. Der erste heißt »der Dämon, der (die Sinne) blockiert«.[69] Wenn wir einen schönen Gegenstand sehen und der Geist dann zu urteilen beginnt, entsteht Verlangen und wir fallen den Leidenschaften zum Opfer. Wo liegt der Ursprung? Zunächst nehmen die Augen ohne jede Vorstellung von schön oder hässlich den Gegenstand wahr. Dann tritt der Geist in Funktion und die direkte Sinneswahrnehmung wird blockiert: der wahrgenommene Gegenstand wird zum Hindernis, zum Dämon. Wird jedoch die Wahrnehmung nicht durch die Beurteilung blockiert, befreit sich die Vision von selbst, so wie eine Schlange sich aus ihren eigenen Verknotungen selbst befreit. Wenn etwas Schönes erscheint, ohne dass wir zu urteilen beginnen, ist es Teil der Klarheit. Das gleiche gilt, wenn etwas Grässliches erscheint. Weshalb sollten wir nach dem einen verlangen und das andere ablehnen? Die Klarheit liegt nicht im Geist, sondern in der reinen Gegenwart des ursprünglichen Zustandes jenseits von gut und schlecht. In Tibet wurden *Chöd*-Praktizierende bei Epidemien und ansteckenden Krankheiten gerufen, da sie gegen jede Ansteckung immun waren, nachdem sie alle Vorstellungen von »gut« und »schlecht«, von »rein« und »unrein« überwunden hatten.

Während der Kontemplation ist es wichtig, gegenwärtig zu bleiben, ohne an Körper, Stimme oder Geist etwas zu verändern. Wir sollten entspannt sein, aber die Sinne sollten wach und gegenwärtig sein, da

69 *Thogche Kyi Dü*. Die anderen drei Dämonen (skt. *mara*), die den Fortschritt des Praktizierenden behindern, sind »der Dämon, der nicht blockiert« (*thogme*), bezogen auf die Gedanken, »der Dämon des Genusses« (*gatrö*), bezogen auf das Anhaften an die Ergebnisse der Praxis, und »der Dämon der Selbstzufriedenheit« (*nyemje*), das »Prinzip des Ego«.

sie die Tore zur Klarheit sind. Wenn wir alle Spannungen in Körperhaltung, Atmung und im Denken auflösen und nur waches Gewahrsein bewahren, werden wir uns ohne jede Anstrengung entspannen.

Wenn wir zu praktizieren beginnen, mag es uns scheinen, als sei das Durcheinander der Gedanken noch größer geworden, doch das ist auf die Entspannung des Geistes zurückzuführen. Die Bewegung der Gedanken war schon immer vorhanden, aber jetzt bemerken wir sie, da unser Geist klarer ist, wie bei einem Meer, dessen Grund nicht gesehen werden kann, solange es aufgewühlt ist.

Wenn wir uns der Gedankenbewegungen bewusst werden, sollten wir lernen, sie in unser Gewahrsein mit einzubeziehen, ohne ihnen zu folgen oder uns von ihnen ablenken zu lassen. Was bedeutet »sich ablenken zu lassen«? Wenn ich jemanden sehe und sofort denke, dass er oder sie unsympathisch ist, so habe ich mich in das Beurteilen verwickelt und zerstreut. Weshalb sollte mir im Zustand des reinen Gewahrseins eine Person, die ich sehe, unsympathisch sein? Auch sie ist Teil meiner Klarheit. Auf diese Weise lösen sich alle Spannungen und Konflikte und alles wird Teil des entspannten Zustandes.

Allgemein wird von zwei nachteiligen Erscheinungen beim Praktizieren gesprochen: Dumpfheit und Erregung. Manchmal ergreift uns während der Praxis Schläfrigkeit oder aber unser Geist ist so aufgewühlt, dass uns unsere Gedanken nicht zur Ruhe kommen lassen und es unmöglich ist, einen ruhigen Zustand zu finden. Es gibt spezielle Übungen, diesen Problemen entgegenzuwirken, doch wenn wir uns innerlich entspannen können, überwinden wir sie ganz von selbst.

Jemand, der zu praktizieren beginnt, zieht sich gern an einen abgeschiedenen Ort zurück, weil er das Bedürfnis verspürt, einen ruhige Zustand, ein geistiges Gleichgewicht zu finden. Doch sobald er anfängt, den Zustand der Kontemplation zu erfahren, sollte er diesen Zustand in alle täglichen Aktivitäten, wie z.B. Sprechen, Gehen, Essen und so weiter integrieren. Ein Praktizierender des *Dzogchen* sollte sich nicht der Gesellschaft entziehen und sich zur Meditation auf einen Berg flüchten. Gerade in unserer Gesellschaft ist ein solches Verhalten nicht angemessen, denn wir müssen alle arbeiten und ein normales Leben führen. Doch wenn wir die Kontemplation in unser Leben integrieren können, dann wird sich der Fortschritt in der Praxis gleichfalls zeigen.

Praktizieren bedeutet, Teil der Vision zu sein. »Vision« umfasst alle sinnlichen Wahrnehmungen. Ob ich mich nun in einem Zimmer mit angenehmer Musik oder an einem Ort voll ohrenbetäubenden Lärms, z.B. in einer Fabrik, befinde, macht keinen Unterschied; alles ist Teil der Vision. Ich kann den zarten Duft einer Rose riechen oder den Gestank einer Latrine, auch dies ist Teil der Vision. Jegliche Sinneswahrnehmung, sei sie angenehm, unangenehm oder neutral, ist immer Teil der Vision. In der Kontemplation wird die Vision als Erscheinung der Energie des ursprünglichen Zustandes wahrgenommen: Nichts muss abgelehnt oder angenommen werden. Der Zustand des entspannten Gewahrseins, in das jede Wahrnehmung einbezogen ist, ist der Kern der Praxis.

Das Wissen um die Kontemplation wird direkt von Meister und Meisterin zu Schüler und Schülerin weitergegeben. Im *Dzogchen* ist das Erklären und Verständlichmachen der wahren Bedeutung Teil der Übertragung. Dazu ist es nicht nötig, ein *Mandala* vorzubereiten oder den Kopf des Schülers mit einem Gefäß[70] zu berühren. Dies sind rituelle Elemente, die zu der tantrischen Tradition gehören. Es ist auch nicht unabdingbar, das Zufluchtsgelübde, einen der Grundpfeiler des Buddhismus, zu empfangen. Manche fühlen sich, obwohl sie *Dzogchen*-Belehrungen erhalten haben, unzufrieden, weil sie das Zufluchtsgelübde[71] nicht empfangen haben. Das zeigt, dass sie den wirklichen Sinn der Zuflucht nicht kennen, denn auch in den *Sutras* wird bestätigt, dass die endgültige Zuflucht das Wesen der *Tathagatas*, der Zustand der ursprünglichen Erleuchtung ist.

Heutzutage ist das Zufluchtsgelübde auch in der westlichen Welt verbreitet. Nach der rituellen Zeremonie, in der eine Haarsträhne abgeschnitten und ein tibetischer Name verliehen wird, könnte jemand denken: »Jetzt habe ich Zuflucht empfangen, nun bin ich ein Buddhist.« Doch in Wirklichkeit ist es nicht nötig, sich als Buddhist zu fühlen. Unser Zustand »so wie es ist« reicht völlig aus, warum sollten wir etwas anderes werden als das, was wir schon sind?

Ein Gelübde anzunehmen bedeutet, nicht die Fähigkeit zu haben, sich selbst zu kontrollieren. Aber die Fähigkeit ist von den Umständen abhängig und kann entwickelt werden. Deshalb müssen wir zunächst herausfinden, wie unsere Fähigkeiten sind und sie dann entsprechend dem, was notwendig ist, durch unterschiedliche Übungen weiterentwickeln. Es gibt zum Beispiel sehr viele Reinigungsübungen, die dazu dienen Hindernisse aufzulösen, die der Klarheit

---

70 Gemeint ist hier die »Vasenermächtigung« (*bumwang*), deren Ziel es ist, die Hindernisse des Körpers zu reinigen.

71 Das Gelübde der Zuflucht ist in allen Traditionen die Grundlage der buddhistischen Praxis, sowohl für Mönche als auch für Laien. Das, wozu man Zuflucht nimmt, sind *Buddha*, die Lehre (skt. *dharma*) und die Gemeinschaft (*sangha*), die sogenannten »drei Juwelen«. Im *Tantra* sind dies Meister (*guru*), Gottheit (*deva*) und *Dakini*.

im Wege stehen. Der Schüler wird daher die für ihn geeignete Methode der Reinigung anwenden. Der Meister kann nicht für ihn entscheiden, sondern nur Ratschläge und Hinweise geben, um ihm zu helfen, sich selbst klarer zu sehen und für sich selbst verantwortlich und bewusst zu werden.

Auf dem Weg der Entsagung wird hingegen völlig anders verfahren, da sein grundsätzliches Prinzip die Einhaltung von Regeln ist, die das Verhalten von Körper, Stimme und Geist zügeln. Gebote einer religiösen Tradition sind jedoch nicht allgemeingültig, sondern von den jeweiligen Umständen und Zeiten abhängig. Eine Vorschrift, die heute vernünftig erscheint, kann sich morgen durch die Veränderung der Zeit und der Gewohnheiten als überflüssig erweisen. Die Regeln des *Vinaya* beispielsweise werden sich sicherlich aus Verhaltensweisen der Schüler Buddhas, die für die damalige Umwelt als unschicklich galten, entwickelt haben. Nehmen wir einmal an, dass einige Schüler nackt herumliefen und, da die Dorfbewohner daran Anstoß nahmen, Buddha folgendes Gesetz verkündete: »Die Schüler Buddhas sollen nicht nackt herumlaufen.« Auf ähnliche Weise werden die 252 Regeln des *Vinaya* entstanden sein. Darüber hinaus ist es offensichtlich, dass einige dieser Regeln aufgrund der klimatischen Bedingungen Indiens entstanden sind und es unmöglich gewesen wäre, sie in Tibet einzuhalten, wenn sie nicht seinem Klima und seiner Ernährung angepasst worden wären.

Im *Dzogchen* lernen wir, selbstverantwortlich zu werden, ohne einer Regel zu folgen. Ein Mensch, der Regeln folgt, ist wie ein Blinder, der einen Führer braucht. Deshalb wird gesagt, dass ein Praktizierender des *Dzogchen* die Augen öffnen und seinen eigentlichen Zustand entdecken muss, um von nichts und niemandem mehr abhängig zu sein.

Manch einer, den seine normale Beziehung zu seinem Meister nicht zufrieden stellt, mag denken: »Der Meister ist ein ganz normaler Mensch, der wie ich Spaghetti isst und Wein trinkt. Ich will aber in direkten Kontakt mit Buddha oder Padmasambhava treten.« Im Grunde genommen haben wir alle diese Einstellung, denn der Hauptgrund für die menschliche Geburt ist der Stolz. In Wirklichkeit ist es jedoch sehr schwierig, mit Buddha in Kontakt zu treten, wenn wir ihn nicht im Meister erkennen. Für einen Schüler ist sein Meister der wahre Buddha.

Im *Abhisamayalankara,* einem Kommentar des *Prajnaparamita-Sutra,* steht: »Auch wenn die Sonnenstrahlen stark sind, kann man ohne Brennglas kein Feuer entfachen. Auch wenn tausend Buddhas voller Weisheit sind, kann man ihre Weisheit ohne Meister nicht empfangen.« Das wird in einem Text, der zum *Sutra* gehört, bestätigt.

Im *Tantra* des »*Kuckuck des Gewahrseins*« steht: »In das Wissen des Zustandes »so wie es ist« wird vom Meister durch die Übertragung eingeführt und durch die Kontemplation wird sie entwickelt. Die Bedeutung des Meisters entspricht der des *Nagtsur*-Minerals, das Gold reinigt.« In Tibet wurde zur Reinigung des Goldes von den Substanzen, die es bedecken, ein Mineral benutzt, das im Kontakt die wirkliche Farbe des Goldes erscheinen lässt. Gold steht hier für das, was wir *Dzogchen* nennen, den von Anfang an aus sich selbst heraus vollkommenen Zustand, unser wahres Wesen. Die Substanzen, die das Gold bedecken, sind die Hindernisse und die Verwirrung der relativen Existenz, welche die Erkenntnis des ursprünglichen Zustandes daran hindern, in Erscheinung zu treten. Das Mineral, welches das Gold reinigt und seine wahre Farbe zutage treten lässt, ist die Kraft der Übertragung des Meisters, die uns erlaubt, unser wahres Wesen wieder zu entdecken. Auch wenn das verkrustete Gold wie ein Stein oder ein Stück Erde aussieht, sind seine Eigenschaften immer vorhanden, sie müssen nur wieder entdeckt werden. Der Meister ist untrennbar mit dem Wissen verbunden. Deshalb ist im *Dzogchen* eine der wichtigsten Praktiken, um die Kontemplation zu entwickeln, der *Guruyoga*, die Vereinigung mit dem Meister. Sinn dieser Praxis ist es, die Übertragung des Meisters im Leben des Schülers lebendig und gegenwärtig zu halten.

Ein weiteres grundlegendes Element in der Lehre, das aus dem Tantrismus stammt, ist *Samaya*, das »Versprechen«, das in der *Sutra*-Tradition dem Gelübde entspricht. Erhält man beispielsweise eine Ermächtigung, so verspricht man diese Transformationspraxis täglich auszuführen und das *Mantra* mindestens drei- oder siebenmal zu rezitieren. Darüber hinaus gibt es noch jeweils viele zusätzliche *Samayas* zu beachten.

Der einzige *Samaya* im *Dzogchen* ist, sich im Zustand »so wie es ist« zu befinden. Alles andere wie Urteile, mentale Konstruktionen oder Einschränkungen ist künstlich und überflüssig. In jedem Augenblick sollten wir versuchen, ohne uns ablenken zu lassen, uns in einem entspannten Zustand zu befinden.

Wenn wir uns im Zustand der Kontemplation befinden, folgen wir den Gedanken nicht, auch wenn sie zu tausenden entstehen. Wir folgen nicht den Gedanken, sondern beobachten nur alles, was geschieht: Das verstehen wir unter »Gewahrsein«. Sich im Zustand

»so wie es ist« befinden, heißt also, kontinuierlich gegenwärtig zu sein. Der *Samaya* des *Dzogchen* ist also, sich nicht zu zerstreuen, das ist alles. Wenn wir zerstreut sind, heißt das nicht, dass unser *Samaya* gebrochen ist, wir müssen es bemerken und von neuem versuchen, uns nicht ablenken zu lassen.

Es gibt zwei Arten, sich nicht zu zerstreuen. Die beste Art ist, wenn unsere Fähigkeit zur Kontemplation so weit entwickelt ist, dass wir unsere Handlungen in den Zustand des Gewahrseins einbeziehen können. Das ist das Ziel der Praxis, auch »Große Kontemplation« genannt. Solange wir dieses Niveau noch nicht erreicht haben, gibt es eine Möglichkeit, sich nicht abzulenken, die mehr mit dem Geist verbunden ist: Wir bewahren ein Minimum an Aufmerksamkeit. Das ist nicht wirklich Kontemplation, da immer noch eine Absicht, eine aktive Mitwirkung des Geistes vorhanden ist, aber es ist sehr nützlich, um den Zustand des Gewahrseins zu entwickeln.

Wenn wir bemerken, dass wir irgendwie angespannt sind, dann ist es wichtig loszulassen, ohne jedoch gegen die Ablenkung anzukämpfen, denn das Ergebnis wäre das Gegenteil. Im täglichen Leben sollten wir immer daran denken, uns zu entspannen. Das ist der Schlüssel. Nehmen wir ein konkretes Beispiel. Während wir in einem Zimmer sitzen, kommt es uns in den Sinn, einen Gegenstand zu holen, der sich in einem anderen Zimmer befindet. Sobald dieser Gedanke aufkommt, erkennen wir ihn. Wir sind uns seiner bewusst, aber wir blockieren ihn nicht und versuchen auch nicht, ihn fallen zu lassen. Ohne uns zu zerstreuen, bewahren wir ein inneres, entspanntes Gewahrsein, stehen auf und gehen ins andere Zimmer. Dabei versuchen wir in allem, was wir tun, gegenwärtig zu sein. Das ist eine sehr wichtige Praxis, zu der weder eine besondere Körperhaltung notwendig ist noch die Kontrolle des Atems oder eine Visualisierung. Wir sollten einfach versuchen gegenwärtig und entspannt zu sein.

Zu Beginn ist es wahrscheinlich nicht leicht, ständig gegenwärtig zu sein, aber nach und nach wird es uns gelingen, die Bewegungen unseres Körpers in dieses Gewahrsein mit einzubeziehen. Dasselbe gilt für die Stimme: Während wir sprechen, diskutieren oder singen, sollten wir versuchen, solange wie möglich gegenwärtig zu bleiben. Dasselbe gilt für den Geist, während wir überlegen, uns etwas vorstellen, usw. Hier könnte der Gedanke aufkommen: »Wie ist es möglich, Denken und Gewahrsein zu integrieren, wenn doch der Geist Ursache der Ablenkung ist?« Der Geist ist in Wirklichkeit wie das Bild in einem Spiegel. Wenn wir die ureigenste Fähigkeit des Spiegels, die Spiegelung erkennen, wird das Spiegelbild nichts Äußeres mehr sein, das als etwas Getrenntes dualistisch wahrgenommen wird. Befinden wir uns in der Natur des Spiegels, ist jeder Aspekt des Körpers, der Stimme und des Geistes Ausdruck der ursprünglichen Weisheit des Zustandes des Gewahrseins. Die ursprüngliche Weisheit liegt jenseits des Geistes, aber »jenseits« bedeutet nicht, dass sie nicht in Bezug zueinander stehen. Sie verhalten sich zueinander wie das Spiegelbild zum Spiegel.

Die Fortsetzung der Kontemplation wird über die verschiedenen Erfahrungen, an die sie gebunden ist, erklärt. Alle Erfahrungen des Praktizierens stehen in Bezug zur Beschaffenheit unserer tatsächlichen Seins, welches im Allgemeinen zwei Aspekte oder charakteristische Zustände aufweist: den »ruhigen Zustand« und die »Bewegung«.

Beobachten wir, wie ein Gedanke entsteht, um zu sehen, woher er kommt, wo er verweilt und wohin er sich auflöst, so finden wir nichts Konkretes. Auch wenn es so scheint, als sei der Gedanke da, verschwindet er doch ohne eine Spur zu hinterlassen, wenn wir ihn beobachten. Bei der Stimme und dem Körper verhält es sich genauso. Wenn wir zum Beispiel Kopfschmerzen haben und beobachten, woher der Schmerz kommt und wohin er geht, wenn er verschwindet, können wir nichts benennen. Dieser Zustand der Leerheit entspricht dem ruhigen Zustand.

Doch wenn die Gedanken auch verschwinden, so tauchen doch ständig wieder neue auf: Das bedeutet Bewegung, die Natur der Klarheit. Im *Dzogchen* ist es wichtig, mit der »Bewegung« arbeiten zu können und damit alle Aspekte der Energie zu integrieren. Der »ruhige Zustand« ist lediglich eine Erfahrung und nicht die Kontemplation selbst. In Kontemplation, im Zustand des Gewahrseins, gibt es keinen Unterschied zwischen ruhigem Zustand und Bewegung und deshalb ist es nicht notwendig zu versuchen, einen Zustand frei von Gedanken zu erreichen.

Garab Dorje hat gesagt: »Wenn sie (die Gedankenbewegung) entsteht, beobachte den Zustand, in dem sie entsteht. Wenn man frei ist von Gedanken, sei dir dieses Zustands, der frei von Gedanken ist, gewahr. Zwischen Entstehen und dem Frei-Sein von Gedanken gibt es keinen Unterschied.« Wenn wir Kontemplation üben, brauchen wir nicht den ruhigen Zustand zu suchen und die Bewegung zu vermeiden, sondern sollten versuchen diesen einen Zustand des Gewahrseins in beiden Erfahrungen zu bewahren.

In allen buddhistischen Meditationstraditionen wird von zwei Phasen gesprochen: Der Meditation des ruhigen Verweilens, »*Shine*«, und der intuitiven Einsicht, »*Lhagthong*«.[72] *Shine*-Meditation entspricht dem Zustand geistiger Ruhe, der Entspannung, in der Gedanken nicht mehr stören können. Mit *Lhagthong* ist allgemein ein inneres Erwachen der Erkenntnis gemeint. Doch dafür gibt es je nach Lehrsystem verschiedene Interpretationen.

Im *Sutra* wird »*Lhagthong*« als Ergebnis der Meditation des ruhigen Verweilens angesehen, das von selbst entsteht und sich auf Körper, Stimme und Geist bezieht. Im *Tantra* ist es eine bestimmte Stufe der Verwirklichung der Transformationspraxis und manifestiert sich durch bestimmte Veränderungen des *Prana,* der *Chakras* und ähnliches. In gewissem Sinne entspricht »*Shine*« der Leere und »*Lhagthong*« der Klarheit. Ihre Vereinigung ist das Ziel der tantrischen Praxis.

Im *Dzogchen,* in der »Serie von der Natur des Geistes«, bezeichnet »*Lhagthong*« eine Stufe der Integration des Zustandes des Gewahrseins in die Bewegungen. Sie wird auch »unwandelbarer Zustand« (*mi-yowa*) genannt, der von keinerlei Bewegung gestört werden kann. »Bewegung« bedeutet in diesem Fall auch die Kraft des karmischen *Prana,* die im Allgemeinen beträchtlichen Einfluss auf den Geist hat. In diesem Zustand ist jeder Aspekt des Körpers, der Stimme und des Geistes in die Kontemplation integriert. Ein Praktizierender, der in der Nähe einer lauten Maschine meditiert, braucht keinen ruhigen Ort zu suchen; seine Praxis ist in jede Art von Wahrnehmung völlig integriert. Er ist nicht auf die Erfahrung

72 Auf Sanskrit: *Shamatha* und *Vipashyana.*

eines ruhigen Zustandes festgelegt, sondern ist sich der karmischen Dimension der Bewegung bewusst und nimmt sie nicht als etwas Äußeres wahr.

Zur Erklärung der Stufen des Fortschrittes in der Kontemplation werden die Bilder des Baches, des Flusses, des Meeres und so weiter benutzt, um damit die Entwicklung der Fähigkeit zur Integration zu beschreiben. Hat der Praktizierende die völlige Stabilität in der Kontemplation erreicht, dann befindet er sich, sobald er einschläft, im Zustand des natürlichen Lichts,[73] auch wenn er keine spezielle Praxis macht. Während er träumt, ist er sich bewusst, dass er träumt. Seine Praxis ist vollendet; ob im Leben oder im Tod, er ist immer gegenwärtig, er hat die Dimension des *Sambhogakaya* verwirklicht. Stirbt er, dann ist er unverzüglich bereit, wenn der *Bardo* der letztendlichen Natur (*dharmata*) erscheint.

8. Die Frucht und die Verhaltensweise

> »Da alles bereits vollkommen ist, gebe die Krankheit der Anstrengung auf
> und du befindest dich im Selbst-Vollkommenen-Zustand – das ist Kontemplation.«

Wenn wir verstehen, dass unser wahres Wesen der in sich vollkommene Zustand ist, haben wir eine Grundlage, die wir entwickeln können. Ist das nicht der Fall, so verbleiben wir in Unwissenheit, auch wenn wir verschiedene Lehrsysteme studiert haben. In diesem

---

73 Der Zustand des natürlichen Lichts (*ösal*) entspricht der Phase vom Moment des Einschlafens bis zum Aufkommen der Träume. In dieser Zeitspanne verweilt der Praktizierende kontinuierlich in der Klarheit des Gewahrseins, obwohl der Geist nicht in Funktion ist.

Sinne kann ein sehr gebildeter Mensch als unwissend bezeichnet werden, während ein anderer ohne die geringste Schulbildung wirklich im Besitz des Wissens sein kann. Studium, Analysen, philosophische Untersuchungen und ähnliches können nützlich sein, wenn wir verstehen, sie zu nutzen. Oft jedoch sind sie ein Hindernis für das wirkliche Verstehen.

Nehmen wir als Beispiel jemand, der sich auf die östliche Philosophie verlegt, weil er mit der westlichen unzufrieden ist. Während er studiert und sich in die verschiedenen Strömungen vertieft, trifft er auf die Philosophie des Buddhismus und ist von ihren Grundsätzen fasziniert. Er glaubt, endlich eine gültige Alternative zu seiner eigenen Kultur gefunden zu haben. Er vertieft seine Studien noch mehr, wird Anhänger der Philosophie Nagarjunas und ist von dieser Sichtweise völlig überzeugt. Tatsächlich aber ist er nur Sklave der Ideologie Nagarjunas geworden, da er vom Prinzip der »Leerheit« nur eine Idee, eine Vorstellung hat, aber kein wirkliches Wissen, das auf Erfahrung beruht. Alle philosophischen Überzeugungen und Theorien, auch wenn sie vollkommen erscheinen, können von einem Tag auf den anderen zusammenbrechen, da sie auf etwas grundsätzlich Falschem beruhen, nämlich dem Geist.

Im *Dzogchen* heißt es, wir sollen nichts Unechtes erschaffen, sondern den wirklichen Sinn dessen, was wir tun, begreifen. Es ist nicht wichtig, sich zu der einen oder anderen Schule, Tradition oder Sichtweise zu zählen. Es macht keinen Unterschied, ob wir uns als Buddhisten fühlen oder nicht. Im Grunde genommen ist es bereits eine Beschränkung, sich als Anhänger von etwas zu fühlen. Was wir wirklich brauchen, ist unsere eigene Beschaffenheit zu erkennen, uns zu öffnen, indem wir alle Hindernisse beseitigen.

Im vorigen Jahrhundert hat in Tibet eine Gruppe von Meistern versucht, die ideologischen Barrieren zwischen den verschiedenen Schulen abzuschaffen, um die Öffnung und den Austausch zwischen den unterschiedlichen Lehren und Übertragungslinien zu fördern. Diese Meister, die ursprünglich verschiedenen Schulen angehörten, waren alle große *Dzogchen*-Praktizierende. Auch wenn sie sich selbst nicht irgendwie benannt haben, wurde für sie der Name »Nicht-Sektierer« (*rime*)[74] geprägt. Für einen *Dzogchen*-Praktizierenden ist es wirklich unnötig, sich als »Nicht-Sektierer« zu definieren, denn auch das ist eine Position. In Wirklichkeit ist jede Definition eine Begrenzung.

Es wird beispielsweise erklärt, dass der ursprüngliche Zustand aus den »drei Weisheiten« *Essenz, Natur* und *Energie* oder *Potentialität* besteht. Aber diese Erklärung, die ein vorläufiges Hilfsmittel ist, richtet sich an uns, die wir begrenzt sind und im Kreislauf der Wiedergeburt umherirren, damit wir uns eine Vorstellung davon machen können. Alle Analysen und Definitionen haben nichts mit dem ursprünglichen Zustand zu tun, sie sind nur ein Mittel, das dem Umstand unserer Unwissenheit angemessen ist.

Jamyang Khyentse Wangpo und Jamgon Kongtrul werden beide als Begründer des »Nicht-Sektierertums« angesehen, auch wenn diese nie die Absicht hatten, sich als eine Schule zu formieren. Wenn die Sonne am Himmel aufgeht, breiten sich unweigerlich ihre Strahlen aus. Die Sonne sagt nicht: »Seht meine Strahlen, wie sie leuchten!« Es sind die Menschen, die aus der Erfahrung von Dunkelheit sagen:

---

74 In Osttibet entstanden und von zwei großen Meistern, Jamyang Khyentse Wangpo (1820–1892) und Jamgön Kongtrul (1813–1899) gegründet.

»Hier ist das Sonnenlicht.« Die Meister jener Tradition haben, indem sie *Dzogchen* praktizierten, ein Verhalten jenseits der Grenzen einer Sekte gezeigt, ohne je eine Gegenposition zur sektiererischen Sichtweise zu beziehen.

Über *Dzogchen* wird gesagt: »Es begrenzt nicht, es gehört keiner Schule an.« Grenzen sind eine typische dualistische Erscheinung und Ursache des Kreislaufs der Wiedergeburten. Grenzen zu überwinden bedeutet, den Zustand »so wie es ist« auf eine Art und Weise zu entdecken, die unserem Verständnis der Existenz des Körpers, der Stimme und des Geistes entspricht. Dies ist von grundlegender Bedeutung. Die Idee des Nicht-Sektierertums beinhaltet noch eine dualistische Sichtweise von sich und den anderen. Um die Praxis in alle Dinge und Umstände einzubeziehen, müssen wir die Barriere aus dem Weg räumen, die wir »ich und die anderen« nennen. Im wirklichen Zustand gibt es keine Barriere, alle Spannungen lösen sich. Praktizieren heißt Spannungen lösen.

Man spricht so viel von der Überwindung der Anhaftung, aber woher kommt sie? Aus der Spannung, die infolge der Spaltung zwischen sich und den anderen entsteht. Die einzig wahre Art, sie zu überwinden ist, sich im Zustand entspannten Gewahrseins zu befinden. Gewahrsein ist als solches von Natur aus entspannt.

Die letzten beiden Verszeilen der Sechs Verse des Vajra erklären die Bedeutung der *Frucht* und der *Verhaltensweise*. Im *Dzogchen* ist das Verhalten im Zustand des Gewahrseins die Frucht; weiter gibt es nichts zu erreichen. Wenn wir das erkannt haben, entdecken wir, dass alles schon seit Anfang an vollendet ist. Der aus sich selbst vollkommene Zustand ist die natürliche Eigenschaft des Zustandes »so wie es ist«: Es gibt nichts, was zu vervollkommnen wäre. Es genügt, dieses Wissen zu haben.

Um zu praktizieren ist es nicht nötig, eine besondere Körperhaltung oder Sichtweise anzuwenden. Wir sollen unsere Existenz durch nichts beeinflussen, sondern uns in einem natürlichen Zustand befinden. Die Anstrengung und Mühe, die aus Sorge und Anspannung entsteht, sind eine typische Erscheinung des Geistes. In diesen beiden Verszeilen werden sie mit einer Krankheit verglichen; wenn man sie überwunden hat, findet man sich endlich in der Dimension des echten Wissens um die Vollkommenheit aus sich selbst heraus.

Das wahre Wesen kann nicht erschaffen oder konstruiert werden. Es ist der wirkliche Zustand eines jeden Individuums, der an die relative Existenz des Körpers, der Stimme und des Geistes gebunden ist. Wenn wir das wissen, dann verbindet sich unser entspanntes Gewahrsein mühelos, ohne Anwendung einer Meditationssitzung mit unserem Leben. So dauert die Kontemplation fortwährend an.

Wird dieser Zustand erreicht, tritt automatisch die Eigenschaft der Vollkommenheit aus sich selbst (*lhundrub*) in Erscheinung: Die Manifestation der drei Körper: *Dharmakaya*, *Sambhogakaya* und *Nirmanakaya*, gleich der Strahlen, die am Himmel aufleuchten, wenn die Sonne aufgeht.

Im *Dzogchen* ist das Verhalten der Schlüssel zur Praxis, nicht weil es festgelegte Regeln gibt, was wir tun oder lassen sollten. Sondern entscheidend ist, dass wir lernen, Verantwortung für uns selbst zu übernehmen, indem wir mit unserem eigenen Gewahrsein arbeiten.

Sich weiterhin in allem, was geschieht, zu verlieren und zerstreut zu bleiben, ist eine der Gefahren, den Sinn von »nicht korrigieren« misszuverstehen. Es wird erzählt, dass Padmasambhava seinen Schülern folgenden Rat gegeben hat: »Was den Zustand des Wissens betrifft, so folgt der Sichtweise und der Praxis des *Dzogchen*; aber was das Verhalten betrifft, so haltet euch an die Regeln des *Vinaya*.« Sicherlich hat Padmasambhava das nicht gesagt, weil er das Erlernen von Verantwortung für sich selbst zu übernehmen nicht für wichtig hielt, sondern aus Vorsicht, um keinen Anlass zu Missverständnissen zu geben.

Nubchen Sangye Yeshe, ein tibetischer Meister und Schüler Padmasambhavas, hat in seiner Abhandlung »Das Licht für die Augen der Meditation« (*Samtän Migdrön*)[75] geschrieben: »Einige Meister bestätigen, dass, um den Zustand des ›Nicht-Korrigierens‹ zu verwirklichen, dies ohne zu korrigieren nicht gelänge, auch wenn es das Prinzip von *Dzogchen* sei. Sie nennen ihre Lehre *Dzogchen*, aber in Wirklichkeit lehren sie, auf verschiedene Weise zu korrigieren. Dies ist ein Irrtum. Es ist so, als ob man einen Pfeil abschießt, ohne zu wissen, was das Ziel ist.«

Es ist wichtig, das genaue Ziel zu kennen, das wir im *Dzogchen* ansteuern sollen. Aber gleichzeitig sollte man die eigenen Fähigkeiten nicht unterschätzen. Wenn meine Fähigkeit nicht ausreicht, um bewusst zu leben, wird es besser sein, wenn ich Regeln befolge, bis

---

75 Dieser Text, ein Werk des Nub Sangye Yeshe (8./9. Jahrhundert), das *Samtän Migdrön* (*bSam gtan mig sgron*) beschreibt in einer Übersicht die Eigenheiten aller buddhistischen Traditionen einschließlich des *Chan* oder *Zen* und des *Tantra* im Vergleich zum *Dzogchen*. Daher ist er von größter Bedeutung, wenn man die Unterschiede in der Sichtweise, der Praxis und dem Verhalten zwischen *Dzogchen* und den anderen Schulen in der ersten Verbreitungsphase des Buddhismus in Tibet genau verstehen will. Siehe Chögyal Namkhai Norbu: *Dzogchen und Zen*, Oddiyana Shang-shung Edition 2009.

meine Bewusstheit sich entwickelt hat. Wenn ich zum Beispiel gerne trinke, aber weiß, dass Alkohol mir schadet, kann ich versuchen, nicht zu trinken. Wenn ich jedoch, sobald ich eine Flasche sehe, ein starkes Verlangen verspüre und mich nicht kontrollieren kann, bedeutet das, dass ich eine klare Regel brauche. Auch das ist Teil der Bewusstheit.

Es wird gesagt, dass *Dzogchen* eine Lehre für Menschen mit höheren Fähigkeiten sei. »Höhere Fähigkeiten« bedeutet, die erforderlichen Eigenschaften zu besitzen, um die Lehre zu verstehen und anzuwenden. Fehlt uns eine Eigenschaft, so werden wir versuchen, sie zu entwickeln.

Um Ergebnisse zu erzielen, muss Bewusstheit immer von Gewahrsein begleitet sein. Bewusst zu sein heißt, die Konsequenzen einer Handlung zu kennen, aber manchmal tun wir etwas, obwohl wir wissen, dass es schädlich ist, weil das Gewahrsein fehlt. In diesem Fall macht es keinen Unterschied, ob wir Bewusstheit besitzen oder nicht. Eine Person, die in einem Moment der Zerstreutheit ein Glas voll Gift trinkt – auch wenn sie sich seiner Wirkung bewusst ist – wird genauso sterben wie eine andere, die sich dessen nicht bewusst war.

Es geschieht leicht, dass wir uns durch Leidenschaften, Anspannung, Anhaftung und so weiter ablenken lassen. Anfangs können zwei Verliebte nicht einen Moment voneinander getrennt sein. Sie erkennen nicht, das sie durch Zerstreuung und Leidenschaften verblendet sind. Nach einigen Wochen, Monaten oder Jahren beginnt diese Leidenschaft schwächer zu werden. Sie wird ein wenig schal. Man hat nicht mehr die gleiche Empfindung. Im Gegenteil, wenn man einander zu nahe ist, fühlt man sich gestört. Manchmal wird die Beziehung so schwierig, dass man an einen Punkt kommt, wo man sich hasst oder Gewalt anwendet. Das ist ein Beispiel dafür, wie wir von Leidenschaft zerstreut werden.

Ein *Dzogchen*-Praktizierender sollte versuchen, bewusst zu sein und die wahren Umstände der Beziehung zu verstehen, ohne sie durch Leidenschaften zu verfälschen. Die Beziehung zwischen zwei Menschen ist sehr wichtig. Besonders wenn es sich um zwei Praktizierende handelt, ist es von wesentlicher Bedeutung, zusammenarbeiten zu können und keine Probleme und Hindernisse zu schaffen. Es liegt in der Natur des Menschen, als Paar zu leben und nicht den Leidenschaften zu entsagen. Wenn zwei Praktizierende zusammenleben, dürfen sie nicht auf blinde Leidenschaft bauen, weil daraus negative Konsequenzen entstehen können. Wenn wir die Natur der Leidenschaften kennen, können wir sie in die Praxis integrieren, ohne sie aufzugeben oder zu verkennen.

In diesem Zusammenhang wird im *Tantra* von der Umwandlung der Leidenschaften in ursprüngliche Weisheit gesprochen. Wenn wir in der Lage sind, die Gegenwärtigkeit des Zustandes »so wie es ist« zu finden, werden im *Dzogchen* alle Leidenschaften und Empfindungen zu Erfahrungen, um das Wissen zu entwickeln. Es stimmt wirklich nicht, dass ein Praktizierender keine Leidenschaften haben darf und zum Stein werden muss. Im Gegenteil, er soll alle Erscheinungen der Energie erfahren und sie, ohne sich von ihnen ablenken zu lassen, in die Kontemplation integrieren.

Im *Dzogchen* wird immer dazu geraten, sich selbst zu helfen, mit sich selbst zusammenzuarbeiten. Auf welche Weise? Indem wir uns des eigenen Zustands unter verschiedenen Umständen bewusst sind: Wenn wir zu angespannt oder verwirrt sind, versuchen wir, uns zu entspannen, uns Raum zu geben. Wenn wir müde sind, ruhen wir uns aus. Es ist nicht nötig genauen Regeln zu folgen, auch wenn sie manchmal – wie gesagt – nützlich sein können. Wir müssen immer unser Ziel vor Augen haben: Ein Verhalten im wirklichen Gewahrsein.

Auch im Hinblick auf die Gesellschaft ist es wichtig, sich bewusst zu verhalten, um das Heranreifen einer wirklichen Evolution des einzelnen Menschen zu ermöglichen. In vielen politischen Ideologien gibt es das Prinzip des Kampfes für den Aufbau einer besseren Gesellschaft. Aber wie? Indem die alte durch eine Revolution umgestürzt wird. In Wirklichkeit ist der Nutzen daraus immer relativ und zeitlich begrenzt und man erreicht nie eine wirkliche Gleichheit der sozialen Klassen. Eine bessere Gesellschaft wird nur durch die Evolution des einzelnen Menschen möglich sein. Die Gesellschaft besteht aus Millionen von Menschen, aber was ist ihr Ausgangspunkt, ihre »Nummer eins«? Der Einzelne – und von da aus kann sich etwas verändern. Das heißt nicht, sich selbst an erste Stelle zu setzen, sondern die menschliche Situation durch eigene Erfahrung zu entdecken. Wenn wir uns daran ein Beispiel nehmen, werden wir uns bewusst verhalten können – in allen Situationen und in jeder Gesellschaft.

Wir müssen mit uns selbst und mit den anderen zusammenarbeiten können, je nach den Umständen und ohne Vorurteile und Verfälschungen. Daraus folgt, dass wir, um *Dzogchen* praktizieren zu lernen, uns selbst beobachten müssen. Um sich zu beobachten genügt es, einige Minuten lang darauf zu achten, wie unsere Gedanken, Urteile und Ideen kommen und gehen – wie Wellen, die aufkommen und vergehen. Jeder Gedanke kann eine sekundäre Ursache sein, um eine Handlung auszuführen; das ist die charakteristische Bedingung unseres Geistes. Wenn wir daher im Leben allen Aspekten unserer Existenz gegenüber bewusst und gegenwärtig sind, werden wir mit Sicherheit weniger Probleme haben.

Es ist viel wichtiger zu versuchen, gegenwärtig und bewusst zu sein, als täglich eine begrenzte Zeit bestimmten Praktiken zu widmen. Die Details der Meditationstechniken, wie Visualisieren und so weiter, zu lernen, sind zweitrangig. Im *Dzogchen* wird gesagt: »Nicht die Meditation, sondern das Wissen ist die Hauptsache.« Wenn wir nicht das Wissen besitzen, dann wird die Meditation ein Produkt des Geistes, eine überflüssige Konstruktion. Aber wo entsteht wirkliches Wissen? Aus dem Bewusstsein unserer relativen Existenz. Das ist die Basis, um Meditation und die Natur des Geistes zu verstehen. Die »Natur des Geistes« ist ein eleganter und faszinierender Begriff, aber in Wirklichkeit wissen wir nicht, was das ist. Wir leben nicht in der Natur des Geistes, wir haben nur eine Vorstellung davon. Wir reden darüber, stellen Überlegungen an, aber das hat alles nichts mit der wirklichen Natur zu tun. Wenn wir Hunger haben, reicht es nicht zu denken: »Essen und Nichtessen ist dasselbe« oder »In der Natur des Geistes gibt es keine Nahrung.« Es ist besser, unsere konkrete materielle Situation zu verstehen. Die Natur des Geistes bezieht sich auf einen Zustand jenseits der Existenz des Körpers, der Stimme und des Geistes, das Wissen darum kann nur aus der Erfahrung entstehen. Wenn wir die Grenzen und Eigenschaften der relativen Existenz kennen, können wir uns der wahren Natur wirklich bewusst werden.

Ein Praktizierender muss sich immer der Bedeutung der Beziehung zum Meister gegenwärtig sein. Der Meister lehrt durch die drei Übertragungen: die direkte, die symbolische und die mündliche. Aber unter der mündlichen Übertragung versteht man nicht nur den Moment, wo der Meister in einem Saal vor hunderten von Menschen sitzt und theoretische Aspekte der Lehre erklärt. Er überträgt das Wissen in jedem Augenblick. Jede Rede, jeder Rat, den er gibt, ist Teil der mündlichen Übertragung.

Wenn der Meister den stinkenden Kadaver einer Maus findet, ihn dem Schüler zeigt und sagt: »Riech den Gestank«, so kann das ein Mittel sein, das er benützt, um das Wissen des Zustandes der Kontemplation zu übertragen. Den Gestank einer toten Maus zu riechen, ist eine direkte konkrete Erfahrung. Man braucht sich nicht zu verstellen oder besonders anzustrengen. Wenn durch diese Erfahrung der Schüler den Zustand begreift, in dem es keinen Unterschied zwischen dem Gestank einer toten Maus und dem Duft einer Rose gibt, dann hat die tote Maus als Weg der Übertragung genügt. Das ist ein Beispiel für die unzähligen Gelegenheiten, die der Meister benutzen kann. Die Lehre ist nichts Heiliges, das nur mit Tempeln oder Schriften verbunden ist. Sie ist das konkrete Verständnis von dem Zustand der menschlichen Erfahrung.

Der erste *Dzogchen*-Meister Garab Dorje hat, nachdem er ein ganzes Leben lang gelehrt hatte, ein kleines Testament in drei Versen hinterlassen für alle künftigen *Dzogchen*-Praktizierenden.

Erkenne unmittelbar deinen Zustand.
Verbleibe nicht im Zweifel.
Erlange Gewissheit in die Selbst-Befreiung.[76]

»Erkenne unmittelbar deinen Zustand« bezieht sich auf die Übertragung des Meisters, der auf verschiedene Weisen in den Zustand »so wie es ist«, in den ursprünglichen Zustand des Individuums, einführt und ihn verständlich macht. Das ist die Basis, der *Urgrund*.

»Verbleibe nicht im Zweifel« bedeutet, dass wir ein genaues Wissen um diesen Zustand haben müssen, indem wir das eine Gewahrsein der Kontemplation in tausenden von Erfahrungen finden. Das ist der *Weg*.

»Erlange Gewissheit in die Selbst-Befreiung« ist die *Frucht*. Das umfassende und unwandelbare Wissen um die Selbstbefreiung, das in unser tägliches Leben völlig integriert ist. Dieser Zustand besteht in allen Situationen fort.

All die Hunderte von Originalschriften des *Dzogchen*, seien es *Tantras*, *Lungs* oder Geheime Anweisungen,[77] können als Erklärungen dieser drei Verse von Garab Dorje angesehen werden. Aber die Lehre ist weder ein Buch noch eine Tradition. Sie ist ein lebendiges Wissen.

---

76 Auf Tibetisch: *Ngo rang thogtu tre (ngo rang thog tu sprad), Thag chig thogtu che (thag gcig thog tu bcad), Deng drol thogtu cha (gdeng grol thog tu bca')*.

77 Die grundlegenden Schriften, die alle Belehrungen der Basis, des Weges und der Frucht von *Dzogchen* enthalten, werden *Tantra*, tibetisch *Gyü* genannt. Es wird gesagt, dass in den unendlich vielen Welten des Universums sechs Millionen vierhunderttausend *Shloka* oder *Tantra*-Strophen existieren. Von diesen findet sich nur ein Teil auf unserer Erde. Viele «Wissenshalter«, (tib. *rigdzin*; skt. *vidyadhara*) haben Methoden und Anweisungen aus den wichtigsten *Tantras*, die bei uns unbekannt sind, entnommen. Sie haben diese in die Menschenwelt gebracht und hier sind sie unter der Bezeichnung *Lung* (*lung*, skt. *agama*) bekannt. Die *Upadeshas*, tibetisch *Men-ngag*, sind essenzielle, geheime Anweisungen, die auf bestimmten Erfahrungen der *Vidyadharas* beruhen. Sie beziehen sich aber immer auf die *Tantras* und die Lungs.

Index der Tibetisch- und Sanskrit-Begriffe

(Auf eine Kennzeichnung nach Sanskrit und Tibetisch wurde verzichtet. Tibetisch erkennt man in der wissenschaftlichen Wylie-Transliteration daran, dass die Silben getrennt geschrieben sind, wohingegen im Sanskrit die Worte aus mehreren Silben zusammengesetzt sind.)

phonetische Transkription	**wissenschaftliche Transliteration**	
Abhisamayalankara	Abhisamayālaṃkāra	54, 110
Adzom Drugpa	A 'dzom 'brug pa	7, 93
agama	āgama	75, 127
anuttara-tantra	anuttaratantra	11, 44, 111
anuyoga	anuyoga	10, 11, 44, 76
Asanga	Asaṅga	54
atiyoga	atiyoga	10, 11, 47
Ayu Khandro	A yu mkha' 'gro	69
bardo	bar do	51, 116
Bero Gyübum	Bairo rgyud 'bum	4
bhumi	bhūmi	88
bodhichitta	bodhicitta	11, 48, 49, 95
bodhisattva	bodhisattva	10, 41, 54, 88
bön	bon	7–9, 12, 14, 19, 21, 22, 26, 58, 60, 61
bönpo	bon po	22
Buddha Shakyamuni	Buddha Śākyamuni	33, 36, 39, 40, 54
bumwang	bum dbang	108
chakra	cakra	44, 115
chang	byang	49
Changchub Dorje	Byang chub rdo rje	13, 63, 65–68, 92
changchubkyi sem	byang chub kyi sems	11
charyatantra	caryātantra	10
chen	chen	89
chig char	cig car	88
chöd	gcod	69, 105
choshag	cog bzhag	88, 98, 99
choshag nampa shi	cog bzhag rnam pa bzhi	99
chögyal	chos rgyal	7, 13, 47, 51, 52, 66, 92, 93, 121
chub	chub	11, 13, 49
Dagmema	bDag med ma	101
dakini	ḍākinī	41, 43, 109
Dakini Simhamukha	Ḍākinī Siṃhamukhā	41
damaru	ḍamaru	65, 69
dang	gdangs	51, 52, 79

deng drol thogtu cha	gdeng grol thog tu bca'	127
Derge	sDe dge	13
deva	deva	108
dewa	bde ba	84
Dhanakosha	Dhanakośa	9
Dhanyakataka-Stupa	Dhānyakaṭakastūpa	
dharma	dharma	7, 39, 53, 97, 108
dharmakaya	dharmakāya	53, 59, 103, 104, 120
dharmaraja	dharmarāja	7, 93
dharmata	dharmatā	116
Dodrubchen Jigme Tenpe Nyima	rDo grub chen 'Jigs med bstan pa'i nyi ma	70
Dodrubchen Jigme Trinle Öser	rDo grub chen 'Jigs med phrin las 'od zer	70
Dorje Sempa Namkha Che	rDo rje sems dpa' nam mkha' che	98
Dorje Tsigdrug	rDo rje tshig drug	74
drenpa	dran pa	53
dregpo	dreg po	41
Drugpa Kunleg	'Brug pa kun legs	102
dzog	rdzogs	88
dzogchen	rdzogs chen	6, 8–15, 17, 21–24, 28, 30, 33, 42, 45–50, 53–60, 62, 67, 69, 71, 75–78, 80, 83, 86, 88, 89, 91–100, 102, 104, 107–112, 114, 115, 117–127
dzogchen semde	rdzogs chen sems sde	77
Dzogpa Chenpo Shang-Shung Nyengyü	rdzogs pa chen po zhang zhung snyan brgyud	58
dzogrim	rdzogs rim	43, 44
Garab Dorje	dGa' rab rdo rje	8, 9, 12, 42, 54, 59, 60, 75, 77, 98, 114, 126
gatrö	dga' brod	105
gelugpa	dge lugs pa	10, 11
gongter	dgongs gter	12, 67
guru	guru	61, 108
guruyoga	guruyoga	111
gyen	rgyan	52

gyepa	rgyas pa	40
gyatso choshag	rgya mtsho cog bzhag	99
gyü	rgyud	75, 127
gyuwa	'gyu ba	53
hatha yoga	haṭhayoga	26
Hevajra-Tantra	Hevajratantra	101
hinayana	hīnayāna	10, 36
Indrabhuti	Indrabūhti	9
Jamgön Kongtrul	'Jam mgon kong sprul	118
Jamyang Chökyi Wangchug	'Jam dbyangs chos kyi dbang phyug	13
Jamyang Khyentse Wangpo	'Jam dbyangs mkhyen brtse'i dbang po	118
ji shinwa	ji bzhin ba	98
Jigme Lingpa	'Jigs med gling pa;	70, 97
jigten lha mi thegpa	'jig rten lha mi'i theg pa	10
kadag	ka dag	49
kadampa	bka' gdams pa	10
kagyüpa	bka' rgyud pa	10, 11, 13, 61, 138
Kalachakra-Tantra	Kālacakratantra	39, 40
kama	bka' ma	12
kaya	kāya	siehe kayas
Khyentse Chökyi Wangchug	mKhyen brtse Chos kyi dbang phyug	69
Khyunglung Ngülkhar	Khyung lung ngul mkhar	12
klesha	kleśa	37
Kongkar Rinpoche	Gangs dkar rin po che	13, 138
kriyatantra	kriyātantra	10
kunshi	kun gzhi	48
Kuntu Sangpo	Kun tu bzang po	47, 103
kyerim	bskyed rim	43, 44
lhagthong	lhag mthong	115
lhundrub	lhun grub	50, 88, 120
Lobsang Gyatso	Blo bzang rgya mtsho	22
Longchen Nyingthig	Klong chen snying thig	97
longde	klong sde	11, 103
lung	lung	75, 98, 127
Machig Labdrön	Ma gcig lab sgron	69, 105
ma-chöpa	ma bcos pa	98
madhyamaka	madhyamaka	48
mahamudra	mahāmudrā	13, 44, 45, 55, 101
mahasiddha	mahāsiddha	42, 61, 101
mahayana	mahāyāna	10, 17, 36, 47, 48, 54, 88, 90

mahayoga	mahāyoga	10, 11, 44
mala	mālā	101
mandala	maṇḍala	40, 43, 44, 56, 62, 82, 101, 107
Manjushri	Mañjuśrī	41
Manjushrimitra	Mañjuśrīmitra	9
mantra	mantra	7, 26, 30, 42–44, 47, 63, 65, 70, 96, 101, 111
mara	māra	105
Marpa	Mar pa	61
men-ngag	man ngag	127
men-ngagde	man ngag sde	11, 58
Merigar	Me ri sgar	14
mi-yowa	mi g.yo ba	115
Milarepa	Mi la res pa	61
mitogpa	mi rtog pa	84
mudra	mudrā	60
nadi	nāḍī	44
Nagarjuna	Nāgārjuna	48, 90, 117
Nairatmya	Nairātmyā	101
Nalanda	Nālandā	61
naljor	rnal 'byor	47
Namkhai Norbu	Nam mkha'i nor bu	7, 12–15, 26, 47, 50, 52, 61, 66, 69, 80, 93, 121
Nampar Nangdze	rNam par snang mdzad	103
nang sum	snang gsum	80
nangwa choshag	snang ba cog bzhag	99
nangwa	snang ba	80, 99
nepa	gnas pa	53
Naropa	Nāropa	61, 62
nagtsur	nag mtshur	110
ngo rang thogtu tre	ngo rang thog tu sprad	127
ngowo	ngo bo	49
nirmanakaya	nirmāṇakāya	53, 54, 59, 120
nirvana	nirvāṇa	37, 38, 44, 51, 73, 74
Nubchen Sangye Yeshe	gNubs chen sangs rgyas ye shes	121
Nyagla Padma Dündul	Nyag bla pad ma bdud 'dul	68

nyemje	snyem byed	105
Nyingma Gyübum	rNying ma rgyud 'bum	76
nyingmapa	rnying ma pa	9–11, 22, 44, 59,
	76	
nyon mong	nyon mong	37
Oddiyana	Oḍḍiyāṇa	8, 9, 15, 42, 75–77,
	97, 121	
ösal	'od gsal	116
Padma Karpo	Padma dkar po	7
Padmasambhava	Padmasambhava	9–11, 19, 42, 54,
	58, 62, 63, 68, 75,	
		110, 121
pandita	paṇḍita	8, 9, 61, 101
parinirvana	parinirvāṇa	8, 9
prajna	prajñā	37
Prajnaparamita	Prajñāpāramitā	48, 54, 63, 69, 110
Prajnaparamita-Sutra	Prajñāpāramitāsūtra	54, 63, 69, 110
prana	prāṇa	115
pratyekabuddha	pratyekabuddha	10
rangshin	rang bzhin	49
rigdzin	rig 'dzin	13, 127
Rigdzin Changchub Dorje	Rig 'dzin Byang chub rdo rje	13
rigpa	rig pa	53, 55, 76
rigpe choshag	rig pa cog bzhag	99
Rigpe Khujug	Rig pa'i khu byug	75, 76
rime	ris med	118
riwo choshag	ri bo cog bzhag	99
rolpa	rol pa	51, 52
sakyapa	sa skya pa	10, 11, 69
salwa	gsal ba	84
Samantabhadra	Samantabhadra	47, 59, 103, 104
samaya	samaya	68, 111, 112
sambhogakaya	sambhogakāya	38–42, 45, 53, 59,
	71, 103, 116, 120	
samsara	saṃsāra	34, 37, 38, 44, 45,
	51, 87	
samskara	saṃskāra	37
sangha	saṅgha	108
Sarnath	Sarnath	34
sater	sa gter	12
sem	sems	11, 48, 49
Shabdrung Ngawang Namgyal	Zhabs drung Ngag dbang rnam rgyal	7
shamatha	śamatha	55, 84, 103, 115

Shang-Shung	Zhang zhung	7, 12, 14, 58
sherab	shes rab	37
Shilam Drebü Mönlam	gZhi lam 'bras bu'i smon lam	97
shine	zhi gnas	55, 84, 115
shiwa	zhi ba	40
shloka	ṣloka	127
shravaka	ṣrāvaka	10
shunyata	ṣūnyatā	47
skandha	skandha	37
Songtsen Gampo	Srong btsan sgam po	12
Shri Singha	Śrīsiṅha	9, 15, 76
sutra	sūtra	33, 36, 38, 47, 48, 50, 54, 58, 62, 63, 69, 76, 80, 96, 108, 110, 111, 115
thag chig thogtu che	thag gcig thog tu bcad	127
tantra	tantra	9–11, 33, 37, 39,
	40, 42–47, 52, 55,	
		58, 59, 62, 67, 75–77, 82, 96, 98, 101, 102, 108, 110, 115, 121, 123, 127
Tapihritsa	Ta pi hri tsa	58
Tashipe Pal Rigpe Khujug	bKra shis pa'i dpal rig pa'i khu byug	76
tathagata	tathāgata	108
terma	gter ma	12, 13, 22, 67, 97
tertön	gter ston	22, 67
thab	thabs	37
theravada	theravāda (pali)	36
thigle	thig le	37
thögal	thod rgal	58
thogche kyi dü	thogs bcas kyi bdud	105
thugje	thugs rje	49, 50
thugje ma-gagpa	thugs rje ma 'gags pa	50
Tilopa	Tilopa	61, 62
Togden Ugyen Tendzin	rTogs ldan U rgyan bstan 'dzin	13, 70
thogme	thogs med	105

Tönpa Shenrab	sTon pa gShen rab	7
tregchö	khregs chod	88
trinle shi	phrin las bzhi	40
Trisong Detsen	Khri srong lde'u btsan	8, 9, 75
trulkhor	'phrul 'khor	26
tsal	rtsal	51, 86
tsampa	tsam pa	21
Tsangpa Drubchen	gTsang pa grub	69
tsawe lama	rtsa ba'i bla ma	63
tsöl drel	rtsol bral	88
tulku	sprul sku	54
upadesha	upadeśa	11, 58, 75, 127
upaya	upāya	37
Vairochana	Vairocana	8, 9, 11, 15, 26,
	75–77, 103	
vajra	vajra	14, 37, 38, 42, 59,
	75–77, 79, 80, 86,	
		89, 119
vajrayana	vajrayāna	19
Vajrakilaya	Vajrakīlaya	62
Vasubandhu	Vasubandhu	19
vidyadhara	vidyādhara	127
Vimalamitra	Vimalamitra	9, 11, 58
vinaya	vinaya	35, 109, 121
vipashyana	vipaśhyanā	
	(pali: vipassana)	115
Virupa	Virūpa	101
wangwa	dbang ba	40
yama	yama	41
Yamantaka	Yamāntaka	41
yana	yāna	10
yangtig	yang tig	58
yantra yoga	yantrayoga	26, 30, 31, 139
Yarlung	Yar lung	12
yeshi nyingpo changchub	ye gzhi snying po	
kyi sem	byang chub kyi sems	48
Yeshe Tsogyal	Ye shes mtsho rgyal	62
yeshe	ye shes	38, 62, 121
yeshi	ye gzhi	48
yidam	yi dam	45
yoga	yoga	14, 26, 30, 31, 47
yogatantra	yogatantra	10
Yungtön Dorje Pal	g.Yung ston rdo rje dpal	57

Adriano Clemente

Adriano Clemente, geb. 1958, ist seit 1975 Schüler von Namkhai Norbu Rinpoche. Er studierte bei ihm Tibetologie am Institut für Orientalistik der Universität von Neapel. 1982 bereitete er in Indien und Nepal seine Doktorarbeit über einen *Dzogchen*-Text der *Bön*-Tradition vor und vertiefte seine Kenntnisse der tibetischen Sprache und Kultur in dem *Bönpo*-Kloster Dolanji in Himachal Pradesh. Seit der Fertigstellung seiner Doktorarbeit 1983 übersetzt er hauptsächlich von Chögyal Namkhai Norbu verfasste Werke, wie zum Beispiel *Drung, Deu, and Bon* und *Yantra Yoga: The Tibetan Yoga of Movement.* Mit Chögyal Namkhai Norbu zusammen veröffentlichte er *The Supreme Source – The Fundamental Tantra of Dzogchen Semde: Kunjed Gyalpo.*

© Clive Arrowsmith

Chögyal Namkhai Norbu

Chögyal Namkhai Norbu wurde 1938 in Derge in Ost-Tibet geboren. Als Tulku, eine Reinkarnation, war seine Erziehung in traditionellen Klöstern umfassend und profund. Obwohl er noch jung war, erwarb er sich aufgrund seines herausragenden Wissens schnell den Ruf eines Gelehrten.
Im Alter von 18 Jahren begegnete er seinem Hauptlehrer, Changchub Dorje, der in ihm das vollkommene Verständnis von Dzogchen erweckte. 1956 unternahm er eine Pilgerreise nach Sikkim, von der er wegen des Einmarsches der Chinesen in Tibet nicht mehr in seine Heimat zurückkehren konnte. 1960 wurde er in das renommierte IsMEO Institut nach Rom eingeladen. Von 1962 bis 1992 war er Professor für Tibetisch, Mongolisch und tibetische Kulturgeschichte am Orientalischen Institut in Neapel. Er ist verheiratet und hat zwei erwachsene Kinder.

Chögyal Namkhai Norbu zeigt im vorliegenden Buch, dass unser natürlicher Zustand von Anbeginn an aus sich selbst heraus vollkommen ist. Wir müssen nur wieder erwachen und dann in unserer wahren Natur verbleiben. Durch Verstehen und Übung können wir das mühelose Wissen um den aus sich selbst vollkommenen Zustand wiederentdecken, welcher jenseits unseres gewohnheitsmäßigen Leids und unserer Verwirrung liegt. So gelangen wir in den ununterbrochenen Fluss der Kontemplation, völlig entspannt, jedoch vollends bewusst in all unseren Aktivitäten. Rinpoche erläutert zuerst klar die Lehren der „Großen Vollkommenheit", Dzogchen und enthüllt dann auf einfache und nicht intellektuelle Weise, was Praxis gemäß des Dzogchen bedeutet.

Oddiyana
Shang Shung Edition